KB233924

己丑年과 庚寅年에
六壬으로
만난 사람들

己丑年과 庚寅年에
六壬으로
만난 사람들
錦井 康鎭宇 著
①

祥元文化社

명학이라는 길에 들어선 지가 벌써 강산이 한번쯤 넘어가는 세월입니다. 초학 시절에 결코 이 길이 쉽지 않은 길이라는 걸 알았다면 필자는 아마도 이 길을 들어서지 않으려 했을 겁니다. 아니, 만약 그것을 알았더라면 좀더 늦은 나이에 들어설 수도 있었을 겁니다.

몰라서 묻고, 궁금해서 이곳저곳 스승을 찾아 헤맸던 시절이 생각납니다. 그때 어느 한 선생님이 제게 그런 말씀을 하셨습니다. "비술이란 존재하지 않으며, 모든 비술은 음양오행에 있으니 그곳에서 찾으라." 그 말씀을 해주신 분이 지금은 세상에 안 계신 제 스승의 말씀이셨습니다. 그때는 스승님께서 하신 말씀을 가볍게 여기고 넘어갔는데 공부를 하고 세월이 지나다 보니, 스승님 말씀 중에 가장 중요한 말씀이었다는 걸 알 수 있었습니다.

하산을 한 후에 낚시대 의자를 하나 들고, 라면박스를 잘라 매직으로 이렇게 적었습니다. "사주를 무료로 봐드립니다. 생년월일을 말하고 싶지 않은 분들은 말씀 안 하셔도 됩니다."

그때 무슨 자신감으로 그 수많은 사람들이 오가는 종로통에 앉아 사람들의 사주를 봐주었는지 지금 생각해 봐도 참 두려운 일입니다. 물론 스승님께서 하산을 하는 제게 첫 번째로 하라고 하신 것이었기 때문에 할 수 없이 했지만 그때는 두려움이 앞섰습니다. 그러나 지금 생각해 보면 지금의 제가 있는 것은 아마도 종로통에 한 달이라는 시간 동안 있었던 세월이 있었기 때문이라는 생각을 합니다.

이번 책을 내면서 그때의 강한 자신감을 생각하며 결심을 하게 되었습니다. 앞으로 2년을 기점으로 정단사례집을 발간할 생각입니다. 물론 두려움이 앞섭니다. 얼마 전 지방선거 정단이나 시사정단을 모 인터넷 육임카페에 올려놓았더니 필자에게 좌파니, 우파니 하며 입에 담지 못할 말을 메일이나 쪽지로 보냈을 때 꼭 책을 내야 하나 하는 생각도 있었습니다.

모든 것이 그렇듯 학문 역시 이론이 학인마다 제각기 다를 겁니다. 각자의 이론이 틀리다고 해서 무조건 배척한다면 아마도 한국의 역학은 발전이 없을 겁니다. 또한 옛 문헌를 보는 것도 중요하지만, 그 문헌들의 내용을 현실상에 대입해서 임상을 하다 보면 벽이 많을 거라고 생각합니다.

학인 여러분! 저는 여러분들보다 공부를 한 세월이 길지도 않으며, 그렇다고 제 이론이 다 옳다라는 생각도 없습니다. 단지, 이 이론은 옳고, 여타 이론은 옳지 않다라는 것은 잘못된 것이라는 걸 밝히고 싶은 생각에 책을 내게 되었습니다.

근래에 와서 아부태산의 이론이 틀리다는 말씀을 하시는 분이 있습니다. 또한 어떤 분들은 정통 육임만이 옳다라는 말씀을 하시는 분들도 계십니다. 답은 아마도 학인들이 아시겠지만, 그 이론에 대해 연구하다 보면 두 개의 이론을 함께 병행해서 임상을 하다 보면 참으로 임상을 하기 편안하다라는 걸 알게 되실 겁니다. 그것은 중국육임을 했던 분이건, 아부태산의 육임을 하셨던 분들이건 모두 다 저희들 같이 인간의 삶을 살아간다는 걸 인지하시면 필자의 말이 이해가 가실 겁니다. 인간의 삶 속에 살았기 때문에 오점이 있을 수 있고, 그 오점에 대해 많은 후손들이 연구하게 되는 이유일 것입니다.

학인 여러분! 옛 문헌들을 살피고 연구하는 것도 중요하지만, 그 문헌들 속에 빠지다 보면 그 문헌이 존재했던 시기의 삶을 현 세계에 대입하여 임상하고 답을 찾게 됩니다. 그것은 아마도 많은 학인들에게 육임이라는 학문에 벽을 만드는 계기가 될 겁니다.

필자에게 아직도 잊혀지지 않는 스승님의 말씀이 생각납니다. 이것은 필자의 또 한 분의 중국인 스승이 말씀하셨던 부분과 일치합니다. "스승에게 너무 많은 것을 배우다 보면 내 수준밖에 안 되니, 시간이 흘러 조금 공부가 되었다면, 자신이 임상하고 풀이하는 것이 가장 빨리 발전하는 지름길이 될 것이네."

학인 여러분! 절대 잊지 마십시오. 학문은 먼저 배운 사람의 이론을 내 머릿속에 담아두려는 것이 아니라, 그 이론에 대해 발전시키려고 내가 임상해보고 틀린 것이 있다면 왜 틀렸는지 연구하는 것이 더 중요하다라는 걸

잊지 않으시길 바랍니다.

앞으로 필자는 2년의 시간을 두고 계속해서 임상사례책을 내려고 합니다. 육임뿐만 아니라 여타 학문도 임상사례책을 발간할 생각입니다. 이론이 중요한 것이 아니라 그 이론을 배우고 머리에 담아두었다면 임상해 보는 것이 더 중요하기 때문입니다.
보잘것없는 필자의 책이 많은 학인들에게 조금이나마 도움이 되길 바랍니다. 또한 잘못된 것이 있다면 지적해 주시고, 함께 연구하는 계기가 되어 훌륭한 학인들이 많아지기를 기대합니다.

마지막으로 함께 숨쉴 수는 없지만 항상 마음속에 계시는 스승님 부끄럽지 않고, 속세에 길들여지지 않는 제자가 되겠습니다. 그리고 세상에 안 계시지만 항상 함께 함을 느끼게 해주시는 사랑하는 아버지, 감사드립니다.
또한 책을 발간함에 있어 물심양면으로 도와주신 상원문화사 사장님과 직원 여러분께 머리 숙여 감사드립니다.
이 책이 인연의 줄이 되기를 바랍니다.

庚寅年 壬午月
錦井 康 鎭 宇

차례

己丑年과 庚寅年에
육임(六壬)으로 만난 사람들1

차례

2장 *己丑年과 庚寅年에*
육임(六壬)으로 만난 사람들 2

차례

차례

3장 己丑年과 庚寅年에 육임(六壬)으로 만난 사람들 3

차례

己丑年(기축년)과 庚寅年(경인년)에
육임(六壬)으로 만난 사람들

이혼정단1

庚寅年 庚辰月 戊申日 酉時 酉將

乾命－癸丑　行年－卯
坤命－甲寅　行年－申

乙	戊	0
巳(朱)	申(后)	寅(靑)
巳	申	寅

乙	乙	戊	戊
巳(朱)	巳(朱)	申(后)	申(后)
戊	巳	申	申

巳(朱)	午(蛇)	未(貴)	申(后)
辰(合)			酉(陰)
卯(勾)			戌(玄)
寅(靑)	丑(空)	子(白)	亥(常)

【복음·원태】

- 지난번 점자(占者)의 소개로 방문하였다.

- 용시(用時)에 태음(太陰)이 보이고 파쇄(破碎)이다. 초전(初傳)발용에 巳는 사계신살로 고진(孤辰)이다. 뜻을 취해 보면 남편과의 갈등 문제이다.

- 초전(初傳)에 주작(朱雀)이 보이고 삼형이다. 이는 부부가 대화가 없는 것을 취할 수 있다. 한편으로 남편의 命에 천공(天空)이 보이니 이 또한 말이 없는 것을 취할 수 있다.

- 결혼생활에 있어 삼전에 삼형이 보이면 서로를 가두어두려고 하는 것으로 의처증이나 의부증의 뜻을 취할 수 있다.

- 말전(末傳)에 寅은 당 월(月)에 역마(驛馬)이다. 이는 남편이 항시 바쁘다는 것을 취할 수 있다. 그러니 대화를 할 시간이 없는 것이다.

- 일지(日支)에 보이는 申은 택(宅)이다. 남편의 命인 丑을 墓하니 집에 들어오면 말이 없어진다.

己丑年(기축년)과 庚寅年(경인년)에

●격(格)이 원태(元胎)이니, 이는 남편이 결혼생활에 있어 자기 마음대로 생활을 한다고 볼 수 있다

●일지(日支)에 보이는 申은 妻이며, 申에 천후(天后)가 보이면 이는 하염없이 남편을 기다리는 상(象)이다.

●점자는 필자(筆者)에게 남편과의 결혼생활이 4년째 접어들었는데 마치 40년을 산 것처럼 서로에 대해 무관심하게 생활하고 있으며, 요즘은 남편이 바람을 피는 것이 아닌가 하는 생각이 든다고 했다.

●삼전이 삼형이니 필시 남편은 회사에서 묶여지내는 상(象)으로 항시 바쁜 것을 알 수 있다. 그렇다고 남편이 회사 일로 집에 늦게 들어오는 것은 아니다. 말전(末傳)에 寅은 당 월(月)에 간문(奸門)이다. 간문(奸門)은 음사의 신(神)으로 간사·음란을 뜻한다.

●필자가 말하기를, 아마도 남편의 외도 상대는 직장동료 중에 한 사람이라고 생각할 것이라고 했다.

●점자가 말하기를, 새벽 늦은 시간에 직장동료 중 한 사람이라며 새벽 늦은 시간까지 몰래 통화를 하는 것을 보고, 그 번호로 전화를 몰래해 보니 여자여서 남편에게 물으니 직장동료라고 말했다고 한다. 그럼 왜 늦은 시간까지 통화를 하였냐고 되물으니 일 때문이라고 하는데, 상식적으로 새벽 3시가 넘을 때까지 통화를 한다니 필자 역시 이해가 가지 않는 부분이다.

●점자가 묻기를, 결혼생활을 계속 유지해야 할지를 물었다.

●초전(初傳)에 주작(朱雀)이 보이니 대화가 이루어지지 않아서 생기는 문제라고 볼 수 있지만 이 역시 해답이 될 수는 없다. 이는 巳에 둔간(遁干)에 귀(鬼)가 보이니 대화를 하다 보면 다툼이 일어날 것이

고, 삼전이 삼형이니 필시 대화를 나누다 보면 남편은 왜 나를 의심하고 메어두려고 하는지 모르겠다며 언성이 높아질 것이다.

● 삼전에 삼형은 나중에 폭력을 휘두를 수도 있는 상(象)이다. 한편으로 삼전이 원태(元胎)이니 서로가 서로를 이해하는 부분이 모자르는 상(象)이다. 필자는 처방을 내리기를, 대화를 하되 서로의 모자란 부분을 이해할 수 있는 것이 필요하며, 점자 역시 남편을 메어두려고 하는 마음과 의심하는 부분을 버리라고 하였다.

● 결혼생활에 있어 복음(伏吟)은 한 사람이 희생하면 이어질 수 있다. 그렇다고 요즘에 희생을 강요당하며 살 사람은 없다. 한편으로 말전(末傳)에 寅이 태세(太歲)라 공망을 메웠지만, 庚寅年이 지나면 이 두 부부의 결혼생활이 이어질 수 없음이 보인다.

이혼정단 2

己丑年 己巳月 丁巳日 辰時 酉將

乾命-乙卯 行年-子
坤命-壬戌 行年-巳

丁	壬	乙
巳(空)	戌(蛇)	卯(常)
子	巳	戌

0	丁	壬	乙
子(后)	巳(空)	戌(蛇)	卯(常)
丁	子	巳	戌

戌(蛇)	亥(貴)	子(后)	丑(陰)
酉(朱)			寅(玄)
申(合)			卯(常)
未(勾)	午(靑)	巳(空)	辰(白)

【중심·주인·참관】

● 과거에 정치를 했던 분으로, 지난 시의원 선거에서 낙선을 했던 지인 분께서 이른 시간인 **辰時**에 방문하였다. 차를 한 잔 대접하고 이런저런 이야기를 나누다가 지인 분이 전화통화를 하였다. 따님과의 통화인 것 같아 자리를 피했다. 통화가 끝나신 것 같아 다시 자리에 앉으니 지인 분의 얼굴이 많이 안 좋아 보였다. 이에 필자(筆者)가 무슨 일 때문에 그러시냐고 물었다. 지인 분 말씀이 따님이 하나 있는데 남편과의 갈등이 심한 것 같다며, 필자에게 정단을 의뢰하였다.

● 간상(干上)에 子는 관귀효(官鬼爻)로 남편을 뜻한다. 음신(陰神)에 巳 천공(天空)이 보이고, 지반(地盤)에 보이니 이는 입을 닫고 말을 하지 않는 상(常)이다.

● 음신(陰神)에 戌은 처(妻)를 뜻한다. 둔간(遁干)에 壬이 보이니 壬戌生에 命이 보인다. 戌은 火에 庫이다. 이는 정신적인 스트레스를 뜻

己丑年(기축년)과 庚寅年(경인년)에

한다. 음신(陰神)에 卯가 보이고 천장(天將)에 태상(太常)이 보인다.
지반(地盤)에 戌은 당 일(日)에 墓이다. 이는 정신적인 스트레스에
주된 원인이 4과에 보이는 乙卯生 남편이라는 것을 취할 수 있다.
한편으로 천장(天將)에 태상(太常)은 술로 마음을 달랜다는 뜻을 취
할 수 있다.

●지인 분께서는 안 그래도 요즘 딸이 술을 자주 먹는 것 같아 이래저
래 마음이 안 좋다고 했다. 외동딸이니 얼마나 걱정이 많은가를 짐
작할 수 있다.

●초전(初傳)에 子는 당 월(月)에 천마(天馬)이다. 음신(陰神)에 巳에
천공(天空)이 보이고 둔간(遁干)이 丁이다. 격(格)이 주인격(鑄印格)
이고, 참관(斬關)이다. 巳에 지반(地盤)은 귀살(鬼殺)이다. 천공(天
空)은 일을 하는 상(象)이다. 이는 남편이 일 때문에 항상 바쁜 것을
의미한다. 巳 천공(天空)이 처(妻)를 뜻하는 戌 墓로 입묘하니 이는
저(妻)를 만나면 입을 닫는 상(象)을 취할 수 있다.

●초전(初傳)에 巳에 천공(天空)이 보이고, 지반(地盤)에 子는 남편을
뜻하고, 제극을 한다. 이는 남편과의 대화가 이루어지는 상(象)이 아
니다. 즉, 둔간(遁干)에 丁이 보여, 말을 하려고 하나 중전(中傳)에
처(妻)의 命을 만나면, 墓를 만나는 것과 같아, 입을 닫는 상(象)이
다. 말전(末傳)에 卯는 당 월(月)에 생기이나, 墓에 보이고, 卯는 남
편에 命과 같다. 한편으로 戌은 택(宅)을 뜻하니 집안이 항상 시끄럽
고, 조용하지 못한 상(象)이다.

●초전(初傳)에 巳에 천공(天空) 즉, 부부간에 대화가 막히는 이유는
戌을 만나기 때문이다. 천공(天空)이 戌에 갇히니, 戌은 처(妻)의 命

이다. 천장(天將)에 등사(螣蛇)는 가두어두려는 상(象)을 취할 수 있다. 이는 처(妻)가 남편에 대해 집착을 하는 것을 알 수 있다.

● 지인 분께서는 좋은 방법이 없겠냐고 물었다.

● 필자가 말하기를, 일단은 지금에 집으로 이사간 후부터는 대화가 단절되었을 것이다. 한편으로 따님이 고쳐야 할 부분은 남편에 대한 집착이다. 그 집착에 대해 고칠 수 있는 방법을 가르쳐 드릴 테니 방법을 써보라고 하였다. 결혼생활에서의 주인격(鑄印格)은 도장을 찍는 상(象)으로 불리하나 초전(初傳)에 巳, 즉 화로를 잃어버린 상(象)이니, 이혼하는 것도 쉽지 않은 상(象)이다. 사묘복생(四墓覆生)이고, 회환(回還)은 지금에 상황이 계속해서 반복되어 왔다는 것을 뜻하니 부부가 서로간에 얼마나 힘들었는지를 알 수 있다. 처(妻)를 뜻하는 戌은 火에 庫이니 처에 마음의 응어리가 생긴 상(象)이다. 마음에 병(病)이 생기면 극단적인 생각을 할 수 있다. 戌이 墓가 되고 등사(螣蛇)가 승하면, 이는 우울증을 의미한다.

● 巳는 일간(日干)에 형제효(兄弟爻)이지만, 지반(地盤)에 제극을 받고, 다시 戌 墓를 만나니, 주변사람들의 도움 역시 처(妻)는 받지 않는 것이다. 필자는 지금의 상황에서 벗어날 수 있는 방편을 해 드릴 테니, 두 부부에게 전달해 주라고 말했다. 이 방편을 지닌 후에 얼마 지나지 않아 두 부부가 여행을 자주 다니게 될 것이며, 7월에 이사를 하시게 되면 병원 근처로 가시게 될 것이라고 말했다.

● 후에 9월경에 지인 분과 함께 필자의 사무실을 방문했다. 필자가 예측한 대로 두 부부가 이후로 대화는 많지 않았지만 주말에 가까운 근교로 자주 나갔고, 계약이 만료되서 지난 7월에 이사를 하게 되었

己丑年(기축년)과 庚寅年(경인년)에

는데 필자가 예측한 대로 이사를 한 후에 보니 주변에 병원이 많은 것을 알고 신기해 했다고 한다. 또한 그 이후로 남편과 많이 좋아졌다면서, 그 이후로 남편의 핸드폰을 확인하거나 집착하는 습관을 버리려고 노력 중이라고 했다.

이혼정단3

庚寅年 辛巳月 庚申日 未時 酉將

乾命-己亥　行年-巳
坤命-庚子　行年-午

己丑年(기축년)과 庚寅年(경인년)에

0	甲	丙
子(后)	寅(蛇)	辰(合)
戌	子	寅

壬	子	壬	0
戌(玄)	子(后)	戌(玄)	子(后)
庚	戌	申	戌

未(空)	申(白)	酉(常)	戌(玄)
午(青)			亥(陰)
巳(勾)			子(后)
辰(合)	卯(朱)	寅(蛇)	丑(貴)

【중심·참관·향삼양·간전·일녀】

- 未時에 방문했던 점자(占者)이다.

- 초전(初傳) 지반(地盤)에 戌은 火에 庫이고 초전(初傳)에 둔간(遁干) 이 고진이다. 참관(斬關)이 보이고, 일녀격이 보인다.

- 필자(筆者)가 말하기를, 지금 남편과의 갈등 문제로 사느냐 마느냐 고심하고 계실 것이다. 主된 이유는 금전적 어려움 때문일 것이다.

- 점자(占者)는 남편이 일을 벌려놓기만 하고 해결을 하지 못해서 항 상 금전적 어려움 때문에 살아야 할지, 말아야 할지를 고심 중이라 고 했다.

- 남편의 命 상신(上神)에 보이는 丑은 일간(日干)에 墓이다. 이는 지 금의 상황이 墓에 갇힌 것처럼 어려움이 있다라는 것을 알 수 있다. 52세 행년(行年)은 巳에 있다. 상신(上神)에 未에 보이는 천장(天將) 은 천공(天空)이다. 이는 사업을 하는 남편에게 있어 불리한 상(象) 이다.

●초전(初傳)에 子는 자식효(子息爻)로 자식(子息)을 뜻한다. 중전(中傳)에 역마(驛馬)가 보이니 자식(子息)이 집에 없는 상(象)이다. 그러니 이 점자(占者)는 자식을 의지하기도 힘든 상(象)이다.

●점자는 필자에게 남편이 지금 하는 일이 잘 될지를 물었다. 말전(末傳)에 辰에 육합(六合)이 보인다. 이는 교역의 신(神)이다. 필자가 묻기를, 지금 남편이 하는 일이 부동산과 연관되어 보인다고 했다. 이에 점자는 남편이 부동산 중개업을 하고 있다고 했다.

●초전(初傳)에 공망(空亡)이 중전(中傳)으로 전하니 이 역시 공망(空亡)으로 절요이다. 이는 중개가 잘 되지 않는 상(象)이다. 가만히 앉아서 일한들 어찌 손님이 찾겠는가. 일녀는 모든 일을 자신이 하는 것이 아니라 남을 시키는 상(象)이다. 중전(中傳)에 寅은 태세(太歲)이지만 낙공(落空)이니 필시 올해도 금전적인 어려움이 있을 것으로 보인다.

●참관(斬關)이 보이고 천마(天馬)가 보이니, 지금의 상황에서 벗어나고 싶어하는 마음을 알 수 있다. 초전(初傳)에 子가 처(妻)의 命으로 공망을 메어, 중전(中傳)에 寅 재효(財爻)에 생기가 되니 점자가 금전적으로 얼마나 어려운가를 알 수 있다.

●자식(子息) 역시 서울에 가서 직장을 다니고 있어 집에 항상 처(妻)만 있는 것으로 얼마나 힘든가를 알 수 있다. 지상(支上)에 戌은 火에 庫이니 남편의 墓이다. 지상(支上)은 戌은 택(宅)이니 남편이 사는 곳이고, 간상(干上)에 戌은 남편이 밖에서 활동하는 직장이다. 간지상(干支上)에 장생 巳에 庫가 보이니, 남편의 일이 항상 손실만 보고 끝까지 하지 못하는 상(象)이다.

- **子** 천마(天馬)가 움직인다 한들 말전(末傳) 둔간(遁干)에 둔귀(遁鬼)가 보이니 소용이 없음이 보인다. 차라리 戌에 생(生氣), 즉 지금의 상황을 지키고 있는 것이 옳을 것이다.

- 점자는 지금 만나는 남자가 있는데, 이 남자를 따라갈까 하는 생각도 한다고 했다. 이에 필자는 말전(末傳)에 辰을 따라가 봐야 둔귀(遁鬼)가 보이니, 이 역시 좋은 방법은 아니라고 했다. 무술생(戊戌生) 인연이 지금의 남편과 다를 것이 무엇이 있겠는가.

- 타고난 팔자를 고치는 방법은 없다. 이 과전에서 求함은 밝음을 좇아 나아간다는 것이다. 그러나 남편의 상황이 좋아진다 한들 이 점자의 남자 운이 박한 것을 막을 수 있는 방법은 없다.

- 필자는 지금 상황에서 이사를 하는 것 역시 금전적으로 어려운 것이 보여, 남편의 상황이 조금 나아지는 방법을 가르쳐주는 것으로 상담을 끝냈다.

일상의 정단1

己丑年 己巳月 丙辰日 子時 酉將

己丑年(기축년)과 庚寅年(경인년)에

癸	庚	丁
亥(貴)	申(后)	巳(常)
寅	亥	申

甲	癸	0	壬
寅(靑)	亥(朱)	丑(勾)	戌(蛇)
丙	寅	辰	丑

寅(靑)	卯(空)	辰(白)	巳(常)
丑(勾)			午(玄)
子(合)			未(陰)
亥(朱)	戌(蛇)	酉(貴)	申(后)

【요극·호시·원태·삼기】

● 필자(筆者)의 문하생 중 한 분에게 급하게 전화 한 통이 왔다. 자신이 역학 프로그램 방송에 출연하게 되었다며, 방송 관계자가 자신의 실력을 검증해야 한다며 30여 분 후에 세 사람의 사주를 줄 터이니 그 사람들에 내해 맞추어 보라고 했다며, 육임(六壬) 과진 하나로 여러 사람을 봐줄 수 있냐고 물었다. 이에 필자(筆者)는 자신의 실력으로 봐주야지 필자에게 그런 도움을 바란다면 응해 줄 수 없다고 했다. 이에 그분은 선생님의 입장을 이해한다며, 하지만 여러 사람을 봐주는 방법은 아직 공부가 안 되었다며 간곡히 부탁을 하였다. 이에 필자는 그래도 그것은 응해 줄 수 없다고 하니, 다시 한 번 부탁한다며 간곡하게 말을 하였다.

● 문하생의 간곡한 부탁을 거절할 수 있는 상황이 안 되었다. 더구나 필자보다 나이가 많은 신분이 부탁하니 어쩔 수 없이 과전을 열었다. 어찌 보면 이 사례로 인해 필자의 잘못된 점을 반성하는 계기가

될 수도 있다는 생각에 이 사례를 실었다.

●필자가 말하기를, 첫 번째 분은 초전(初傳)으로 판단한다. 초전(初傳)에 亥는 음양(陰陽)으로 음(陰)을 뜻한다. 그러니 첫 번째 사람은 여자가 될 것이다. 亥는 일간(日干)에 관귀효(官鬼爻)이다. 그러니 남편을 뜻하고, 당 월(月)에 월파(月破)이고, 둔간(遁干)이 폐구(閉口)이다. 이는 남편과 이혼을 한 상(象)이다. 2과에서 올랐으니 필시 방송국 관계자이고, 천장(天將)에 주작(朱雀)이 보이니 작가로 뜻을 취할 수 있다. 한편으로 지반(地盤)에 寅은 일간(日干)에 장생이고, 亥에 자식효(子息爻)이다. 그러니 공부를 잘하는 자식이 있음을 알 수 있다.

●중전(中傳)에 申은 양(陽)이니 두 번째는 남자에 대해 물어볼 것이다. 亥는 일간(日干)에 절지(絶支)에 임했다. 한편으로 申은 일간(日干)에 재효(財爻)이다. 재효(財爻)가 절지(絶支)이니 이는 결혼을 아직 하지 않은 미혼의 상(象)이다. 지상(支上)에 丑은 申에 부모효(父母爻)이고, 墓이다. 음신(陰神)에 戌은 일간(日干)에 墓이며, 당 월(月)에 상백(喪魄)이다. 이는 부모(父母)의 건강이 좋지 못한 상(象)으로 죽음을 암시한다. 申에 천장(天將)이 천후(天后)이고 지반(地盤)에 亥 절지(絶支)에 임하니, 이는 여자를 만나면 말을 잘하지 못하는 상(象)이며, 성격 역시 여성다움을 뜻한다.

●말전(末傳)에 巳는 세 번째 사람을 뜻한다. 巳는 일간(日干)에 형제효(兄弟爻)이다. 천장(天將)에 태상(太常)이 보이고, 둔간(遁干)에 정신(丁神)이 보인다. 이는 사람을 상대하는 직업을 뜻한다. 중전(中傳)에 申이 보이고, 천장(天將)에 천후(天后)가 보인다. 지반(地盤)에

己丑年(기축년)과 庚寅年(경인년)에

亥는 절지(絶支)이며, 둔간(遁干)이 폐구(閉口)이다. 천장(天將)의 주작(朱雀)은 말을 의미하고, 申은 당 월(月)에 망신(亡身)이다. 재효(財爻)가 절지(絶支)에 임했으며, 둔간(遁干) 역시 폐구(閉口)이다. 巳는 祿이며 정신(丁神)이 보이니 祿이 움직인다. 이 뜻을 종합해 취해 보면, 영업을 하는 상(象)으로 필시 사람의 목숨과 연관된 직업일 것이라는 걸 알 수 있다. 그러니 보험에 관련된 직업을 할 것이다.

● 후에 방송국 관계자들이 놀랐다고 한다. 육임(六壬)은 간단 명료하면서 정확한 것이 매력이다. 문하생은 녹화가 시작된 후에 필자가 말해 준 게 생각이 잘 나지 않아서 첫 번째 사람은 작가라고 말을 해서 방송국 사람들을 당황시켰고, 두 번째 사람은 아버님의 건강이 좋지 않음이 보이며, 나이는 많아 보이지만 미혼으로 보인다. 결혼을 하지 못한 이유는 여자를 만나면 말을 잘하지 못하며, 성격 또한 여성다워서 남자다운 기백이 없다라는 말로 주변사람들을 놀라게 했나고 한나. 세 번째 사람에 대해서는 긴장이 되어서 그린지 필자가 말했던 것 중에 당신은 사람에 목숨과 연관된 직업을 하니, 필시 보험과 연관되어 있다라고 말을 했다고 한다. 여기서 방송국 사람들과 주변사람들이 놀란 것은 세 사람의 명조 없이 아무런 정보가 없는 상태에서 말을 했다는 것이다.

● 필자는 문하생에게 그런 말을 해주었다. 사람의 인생에 대해 논하는 것은 아주 조심스러운 일이다. 본인의 실력없이 사람의 인생을 논한다는 건 잘못된 것이다. 필자 역시 일조를 한 것이니 말할 여지가 없다. 어찌됐건 원태격(元胎格) 병태(病胎)가 되었으니 오랫동안 방송에 출연은 되지 않을 것이다. 필자는 이 과전을 풀이한 후에 얼마나

많은 후회를 했는지 모른다. 스승님과의 약속을 어긴 것 같아 마음
이 내내 불편했었다.

己丑年(기축년)과 庚寅年(경인년)에

임신정단 1

己丑年 丙子月 庚戌日 巳時 丑將

乾命-丁巳　行年-戌

坤命-戊午　行年-丑

壬	戊	甲
子(蛇)	申(靑)	辰(玄)
辰	子	申

甲	壬	丙	0
辰(玄)	子(蛇)	午(白)	寅(后)
庚	辰	戌	午

丑(貴)	寅(后)	卯(陰)	辰(玄)
子(蛇)			巳(常)
亥(朱)			午(白)
戌(合)	酉(勾)	申(靑)	未(空)

【중심·윤하】

- 지난번에 임신을 어려워하는 부부가 필자(筆者)가 해준 방편으로 임신을 한 일이 있었다. 그 부부의 소개로 한 부부가 필자를 만나기를 원했는데, 그동안 만나지 못하다가 어렵사리 만나게 되었다.

- 일지(日支)는 월(月)에 생기이다. 상신(上神)에 午는 일지(日支) 戌에서 봤을 때 태신(胎神)이다. 삼전일상이 윤하격(潤下格)으로 자식효(子息爻)가 보이니 이는 자식에 대한 애로점을 뜻한다.

- 초전(初傳)에 또 하나의 자식(子息)을 뜻하는 子가 보인다. 한편으로 지반(地盤)에 辰은 월(月)에 사기(死氣)이다. 戌에 생기효를 제극하니 이는 조부(祖父)의 산소에 문제가 있음이 보인다.

- 일지(日支) 戌이 월(月)에 생기이지만, 월(月)이 지나면 이는 태신(胎神)에 墓가 된다. 이는 임신은 되는 상(象)이나, 생기가 지나고 나면 墓로 입묘하는 것이니 유산이 되는 것을 취할 수 있다.

- 점자(占者)는 그동안 임신을 자주 했는데, 임신을 하고 3개월이 지

*己丑年(기축년)*과 *庚寅年(경인년)*에

나면 자연적 유산이 된다며 이를 어찌 해야 할지 모르겠다면서 눈물을 보였다.

●필자가 말하기를, 유산이 되는 이유는 두 가지 이유가 있는데 하나는 집 터의 문제요, 또 하나의 이유는 조부(祖父)의 산소에 문제가 있다고 했다.

●말전(末傳)에 辰은 조부(祖父)이다. 戌에 생기효를 충극하니, 필시 산소탈이 보인다. 필자가 말하기를, 조부(祖父)의 산소에는 물길이 너무 많이 보이며, 아마도 조부(祖父)의 산소 위치가 가장 높은 곳에 위치해 있는 것이 보인다고 했다. 한편으로 나무가 거의 보이지 않는 것이 이상하다고 했다. 점자는 산소의 위치나 물이 보이는 것은 맞으나, 나무가 보이지 않는다는 것은 수긍하지 않았다. 필자가 말하기를, 상담 후에 날을 정해 산소를 한번 갔다 오라고 했다. 필시 나무가 없을 것이며 물이 지나치면 풀이 자랄 수 없으니, 빛이 하나도 늘지 않는 곳이라고 했다. 이에 점자는 다른 것은 맞으나 나무가 없지는 않다고 했다.

●삼전이 **水局**이니 시신이 물에 떠 있는 상(象)이다. 후에 점자가 조부(祖父)의 산소에 가 보니, 필자가 예측한 대로 주변에 나무가 다 베어 있어 주변에 물으니, 얼마 전 뉴스에 보도가 되었다며 주변의 나무를 누군가가 다 베어 갔다는 말을 했다고 한다. 이에 점자는 이제 어떻게 해야 하나며, 필자의 말을 수긍하지 않은 부분에 대해 진심으로 사과를 하며 도움을 청했다. 그 후에 날을 택해 파묘를 해보니 관 주변에 물이 많으며, 죽은 쥐들이 물에 떠 있는 것이 보였다. 시신을 화장 후에 수목장을 권유해 수목장을 하였다.

●庚寅年 甲辰日 辰時에 점자로부터 전화가 왔다. 외국으로 발령을 받아 아내와 함께 와 있는데, 얼마 전 아내가 이상하다며 병원에 가 보니 임신 3개월이라는 기쁜 소식을 필자에게 전해 왔다. 점자는 조부(祖父)의 시신을 화장 후에 바로 임신된 것 같다며, 조부(祖父)께서 주신 선물이라며 필자에게 고맙다는 말을 했다.

己丑年(기축년)과 庚寅年(경인년)에

임신정단2

<table>
<tr><td>戊</td><td>壬</td><td>甲</td></tr>
<tr><td>辰(玄)</td><td>申(靑)</td><td>子(常)</td></tr>
<tr><td>子</td><td>辰</td><td>申</td></tr>
</table>

<table>
<tr><td>庚</td><td>0</td><td>戊</td><td>壬</td></tr>
<tr><td>午(白)</td><td>戌(合)</td><td>辰(玄)</td><td>申(靑)</td></tr>
<tr><td>甲</td><td>午</td><td>子</td><td>辰</td></tr>
</table>

酉(勾)	戌(合)	亥(朱)	子(蛇)
申(靑)			丑(貴)
未(貴)			寅(后)
午(白)	巳(常)	辰(玄)	卯(陰)

【원수·윤하·참관·폐구·여덕】

- 필자(筆者)가 새벽에 절에 올라갔다가 오전 10시쯤 되어 산에서 내려오는 길에 전화가 왔다. 지인의 소개로 전화를 드린다며, 자신이 연예인 h씨라며 부득이하게 직접 뵙지 못함을 양해 구하며, 필자에게 자신의 문제에 대한 정단을 의뢰하였다.

- 점자(占者)는 자신이 결혼한 지 오래되었었는데 아이를 갖지 못해 걱정이 이만저만이 아니라며, 무엇 때문인지 모르겠다고 했다. 점자는 이혼의 경험이 있는 자로서 점자의 이런저런 이야기를 듣고 보니 점자의 다급하고 속상한 마음을 이해할 수 있었다.

- 간상(干上)에 보이는 午는 일지(日支) 子에 태신(胎神)이다. 음신(陰神)에 戌은 자식효(子息爻)에 墓이다. 한편으로 자식효(子息爻) 墓인 戌 천장(天將)에 육합(六合)이 보인다. 이는 아이를 갖게 되어도 유산이 되는 상(象)이다.

- 필자가 말하기를, 유산 경험이 있는 것으로 보이며, 이는 자연유산

*己丑年(기축년)*과 *庚寅年(경인년)*에

이지 인위적인 유산은 아니라고 했다. 점자는 두 번의 임신 후에 두 번 다 유산이 되었다고 한다.

●초전(初傳)발용에 辰은 水에 庫이니, 이는 아이가 임신이 되더라도 자리를 잡지 못하는 상(象)을 취할 수 있다.

●삼전이 윤하(潤下)로 간상(干上)에 보이는 태신(胎神)을 제극하니, 이 또한 아이를 갖는 데 불리한 상(象)이다.

●삼전에 윤하(潤下)는 두 부부가 사회생활을 하는데 항상 바쁜 것을 의미한다. 점자는 두 번째 유산을 했을 때도 병원에서 조심하라며 일을 조금 미루는 것이 어떻겠냐고 했는데, 이를 어긴 것이 유산의 이유 중에 하나인 것을 아내도 안다고 했다.

●필자는 하나의 방법을 가르쳐 드릴 것이니, 이 방법을 쓴다면 5월경에 아이가 생길 것이라고 했다. 부모효(父母爻)가 지나쳐 산소탈로 인해 아이가 생기지 않는 이유가 있었지만, 아이를 가진 후에 그 이야기는 논하사고 하며 점사에게 방변을 써서 보냈다.

●후에 언론에서 아이를 임신한 것을 들었다. 물론 전화 한 통 하지 않은 점자가 야속하기도 했지만, 과전에 보이는 또 하나의 문제인 산소탈을 잡지 못하면 여름에 가진 아이가 겨울에 가서 다시 유산이 되는 상(象)이니, 이는 점자가 연예인이라는 신분을 충분히 이해는 하지만 필자가 반드시 임신 후에 산소탈이 난 것을 해결해야 탈이 없을 것을 전하였는데, 이를 간과한 점자의 불찰이 아닌가 하는 생각이 든다.

●후에 9월경에 연예인 h씨에게 전화가 왔다. 아이가 유산되었다는 h씨에 말이 그때는 필자의 귓속에 들리지 않았다.

진로선택 1

己丑年(기축년)과 庚寅年(경인년)에

庚	甲	丁
申(后)	寅(靑)	巳(朱)
申	寅	巳

庚	庚	庚	庚
申(后)	申(后)	申(后)	申(后)
庚	申	申	申

巳(朱)	午(蛇)	未(貴)	申(后)
辰(合)			酉(陰)
卯(勾)			戌(玄)
寅(靑)	丑(空)	子(白)	亥(常)

【복음·원태】

●자식의 진로에 대해 정단을 의뢰했던 과전이다. 아이가 辛巳生으로 열 살이다. 점자(占者)는 31세로 庚申生이다.

●간상(干上)뿐만 아니라, 삼전에 점자를 뜻하는 命이 보인다. 삼전이 삼형이다. 말선(末傳)에 자식을 뜻하는 巳가 보이고, 둔산(遁干)이 丁神이다. 삼형은 묶인 것을 의미한다. 비록 자식(子息)을 뜻하는 巳 本命에 丁神이 보이지만, 삼형이라 움직일 수 없다.

●필자(筆者)가 말하기를, 비록 아이의 진로를 물으러 왔지만 필자가 말한들 듣겠습니까? 라는 말을 했다. 이는 삼전에 아이의 어머니 命인 申이 초전(初傳)에 올라 아이가 움직이지 못하게 묶는 상(象)이니, 아이가 하고 싶은 게 있다고 한들 어찌할 수 있을까 하는 생각이 든다.

●중전(中傳)에 보이는 寅은 역마(驛馬)이지만, 이 역시 삼형이 이루어 지는 상(象)을 취할 수 있다.

● 초전(初傳)에 보이는 申은 고진이라, 아이가 하나인 이유로 집착하는 것을 이해는 하지만 아이의 命 둔간(遁干)에 丁神은 일간(日干)에 귀살(鬼殺)이니, 어머니의 집착이 아이의 진로 선택에 있어 오히려 올바른 선택을 하지 못하게 하는 이유가 될 수도 있기 때문이다.

● 점자는 필자의 말을 듣고는 아이를 밖으로 내보내며 말을 이어 갔다. 점자는 아빠 없이 키우는 아이라 집착하는 것을 알지만, 이 또한 하나의 방법이라고 생각한다고 했다.

● 필자가 말하기를, 아이가 지금은 어려서 어머니의 말을 들을지 모르지만 나이를 먹다 보면 그것이 아이에 대한 집착으로 인해 아이가 반항을 할 뿐만 아니라, 아이가 진로 선택에 있어서도 자신의 말을 하지 못할 수 있으니 지금의 방법에서 조금 더 유하게 하는 것이 어떻겠냐고 했다.

● 점자는 수긍하겠다는 표정을 지으며, 그럼 자신의 아들이 어떤 진로를 선택하는 것이 좋겠냐며 물었다.

● 아이가 아직 어린 것이 보여 나중에 진로에 대해 물으라고 했지만, 점자는 필자에게 다시 한 번 아이의 장래에 대해 말해 주기를 부탁하였다.

● 점자의 命에서 자식(子息)의 命인 巳는 장생이다. 한편으로 巳는 당월(月)에 월건이다. 천장(天將)에 주작(朱雀)이 보이고, 둔간(遁干)에 丁神은 귀살(鬼殺)이다. 삼전에 관(官)·록(祿)·마(馬)가 모두 보인다. 이는 검찰이나 나라의 祿을 먹는 상(象)이다.

● 필자는 점자에게 아이가 변호사나 검사같은 법을 다루는 직업을 하기 원할 것이라고 했다. 이에 점자는 안 그래도 그쪽으로 생각하고

있다고 하며 신기해 했다.

●필자는 점자에게 아이가 머리가 똑똑하고, 점자의 말대로 크게 될 재목으로 보이니 지금의 방식에서 좀더 유한 방법으로 아이를 대하는 것이 아이의 장래에 도움이 될 것이라고 했다.

●점자는 자신에 생각과 필자의 통변이 일치해서 그런지 기쁜 얼굴로 사무실을 나갔다. 그러나 아이의 자유에 대해서 쉽게 바뀌지 않을 점자의 얼굴을 보며, 걱정스러운 마음을 감출 수 없었다.

진로선택 2

庚寅年 辛巳月 辛酉日 酉時 酉將

坤命－庚戌　行年－午
子息－癸未　行年－酉

己丑年(기축년)과 *庚寅年(경인년)에*

辛	壬	己
酉(玄)	戌(常)	未(后)
酉	戌	未

壬	壬	辛	辛
戌(常)	戌(常)	酉(玄)	酉(玄)
辛	戌	酉	酉

巳(蛇)	午(貴)	未(后)	申(陰)
辰(朱)			酉(玄)
卯(合)			戌(常)
寅(勾)	丑(青)	子(空)	亥(白)

【복음·참관·용전】

- 지난번 아이의 진로에 대해 방문했던 점자(占者)의 소개로 방문을 하였다.

- 점자는 자신도 아이에 대해 걱정이 있어 왔다며, 필자(筆者)에게 정난을 의뢰하였다.

- 辛에 祿은 酉에 있다. 지상(支上)으로 내 祿이 움직이니, 이는 권섭부정(權攝不正)의 상(象)이며, 酉는 형제효(兄弟爻)이다.

- 필자가 말하기를, 아이가 학교에서 친구들과의 관계에 있어 적응하는 것이 힘든 것이 보이며, 공부 역시 적응하기 힘든 것으로 보인다고 했다. 이는 酉는 종괴(從魁)로 공부를 뜻하며, 酉는 당 월(月)에 파쇄(破碎)이니, 이는 학교생활에 적응하기가 쉽지 않은 상(象)을 취할 수 있다.

- 간상(干上)에 보이는 戌은 점자의 命이다. 戌은 동신(動神)으로 취할 수 있다. 참관(斬關)이 보이니, 이는 점자가 아이에 대해 신경을 쓸

틈 없이 바쁜 것을 의미한다. 한편은 戌은 火에 庫이다. 그러니 아이
가 항상 엄마에 대한 사랑이 부족함을 알 수 있다.

●酉일 정단에 酉가 초전(初傳)으로 올랐으니, 이는 용전(龍戰)을 취할
수 있다. 용전(龍戰)은 용전호투격의 준말로서 용이 문에서 필사적
으로 싸우는 것을 의미한다. 내 祿이 상대에게 갔으니, 이는 아이가
학교에서 친구들과 다투는 상(象)을 취할 수 있다.

●점자는 안 그래도 아이가 자주 싸우고 공부도 하지 않아서 학교생활
에 적응하기를 힘들어 한다는 선생님 말씀을 듣고는 너무 속상해 울
었다며, 필자 앞에서 눈물을 보였다. 점자는 집에서 아이만 키우고
싶으나, 요즘 금전적으로 힘든 상황이 있어 쉴 수도 없는 상황이라
고 했다.

●복음(伏吟)은 앞으로 나아가지 못하는 상(象)이며, 이 아이에 대해
논하자면, 초등학교 1학년생들이 처음 부모 곁을 떠나 학교에 가니
집에 있을 때는 엄마한테 이것저것 해달라고 하거나 말하지 않아도
다 해주었는데, 학교라는 곳에 가니 혼자서 해야 할 일이 많아지니
이 말을 해야 하나 말아야 하나 하는 갈등이 생기는 상(象)이다.

●말을 하지 않고 신경이 예민해지니 아이가 친구들과의 대화에서 말
이 막히는 것을 취할 수 있다. 중전(中傳)에 戌은 동신(動神)으로 취
할 수 있으니, 아이가 활동하고 나아갈 수 있는 방법이다. 천장(天
將)에 태상(太常)이 보이니, 이는 음식을 뜻한다.

●필자가 말하기를, 아이 친구들 중에 몇 명을 불러 맛있는 것도 사주
고, 아이와 놀 수 있는 환경을 만들어주라고 했다.

●후에 점자는 학교에 방문해서 아이들에게 먹을 것도 사주고, 아이에

 己丑年(기축년)과 庚寅年(경인년)에

게 게임기를 사주어 친구들과 놀 수 있는 환경을 만들어주니 아이가 한결 밝아졌다며, 필자에게 고맙다는 인사를 하였다.

진로선택 3

庚寅年 辛巳月 甲戌日 酉時 酉將

乾命－丁卯　行年－丑

己丑年(기축년)과 庚寅年(경인년)에

戊	申	0
寅(靑)	巳(朱)	申(后)
寅	巳	申

戊	戊	甲	甲
寅(靑)	寅(靑)	戌(玄)	戌(玄)
甲	寅	戌	戌

巳(朱)	午(蛇)	未(貴)	申(后)
辰(合)			酉(陰)
卯(勾)			戌(玄)
寅(靑)	丑(空)	子(白)	亥(常)

【복음·원태·참관】

●필자(筆者)의 손님 중에 연예인 k씨를 자녀로 둔 점자(占者)에게 전화가 왔다. 요즘 아이가 부쩍 살도 빠지고, 음반 준비로 방송활동을 하고 있지 않은데도 건강이 안 좋아지는 것 같아 걱정이라며 필자에게 왜 그런지를 물었다.

●간상(干上)에 寅은 청룡(靑龍)이며, 일간(日干)에 祿이다. 초전(初傳)으로 발용되어 삼형을 이룬다.

●말전(末傳)에 申은 역마(驛馬)이며 공망(空亡)이다. 이는 점자의 말대로 연예활동을 하고 있지 않은 상(象)이다.

●중전(中傳) 巳 주작(朱雀)에 庫가 지상(支上)에 보이고 순수(旬首)이다.

●참관(斬關)이나 발용이 되지 않았고, 삼전에 삼형이 보인다. 한편으로 말전(末傳)에 역마(驛馬)는 공망(空亡)이다.

●지상(支上)에 순수(旬首)는 연예인 k씨의 회사 대표이다.

● 필자가 말하기를, 연예인 k씨가 음반 준비에 있어서 금전적으로 상당한 압박을 받고 있는 것 같다고 했다.

● 점자는 아들이 들어오면 말을 해보겠다고 하며 전화를 끊었다.

● 후에 점자에게 전화가 와서 자신의 아들을 만나기를 권유하였다. 이에 필자는 연예인 신분을 이해하며 점자의 집에서 연예인 k씨를 만났다.

● 연예인 k씨는 부모님께 부담이 될까 봐 말씀을 안 드렸는데, 회사 대표가 금전적인 부분이 힘들어서 음반 준비를 미루자고 했다며 그로 인해 대중들의 기억 속에서 잊혀지는 것이 아닌가 하는 불안감이 든다고 했다.

● 점자는 회사를 옮기려고 하는데, 옮겨도 되는지를 물었다. 지상(支上)에 戌은 현재의 회사를 뜻한다. 천장(天將)에 현무(玄武)가 보이고, 순수(旬首)가 보인다. 이는 현재 회사의 대표가 금전적인 어려움을 나타내는 상(象)이다. 간상(干上)에 보이는 寅은 祿이고 청룡(靑龍)이다. 寅은 태세(太歲)이니, 옮겨갈 회사가 재력(財力)에 힘이 막강한 회사라는 걸 알 수 있다.

● 지상(支上)에 戌은 참관(斬關)이나 진 참관(斬關)이 아니고 삼전이 삼형이다. 이는 회사를 옮기라는 지금의 회사와 나중에 금전적인 부분으로 인해 소송을 당할 수 있다라는 걸 알 수 있다. 점자는 안 그래도 자신 외에 함께 있던 연예인이 회사를 옮긴 후에 인기를 얻자 지금의 회사에서 소송을 해서 그 연예인이 대중들에게 안 좋은 이미지로 낙인 찍혀 연예인 생활이 많이 힘들어진 예가 있다며 필자의 말을 이해하였다.

 己丑年(기축년)과 庚寅年(경인년)에

● 필자는 지금 회사에서 옮기려면 서류나 소송에 대한 것이 없음을 확인한 후에 회사를 옮기라고 하였다.

● 점자는 필자에게 하나 더 물어볼 것이 있다고 하였다. 음반 준비나 금전적인 부분으로 힘들어서 잠을 이루지 못하는 것이 있지만, 잠을 잘 때 이상함을 느낀다며 필자가 알아주기를 바라는 눈으로 필자를 응시하였다.

● 지상(支上)에 戌은 火에 庫이고, 천장(天將)에 현무(玄武)가 보이니, 이는 연예인 k씨가 잠을 자는 상(象)이다. 초전(初傳)은 머리이고, 중전(中傳)은 배를 뜻하며, 말전(末傳)은 다리를 뜻한다. 삼전에 삼형이 보이니, 이는 몸이 묶이는 상(象)으로 잠을 자면서 스스로 움직이지 못하는 것으로 가위를 당한다는 것을 알 수 있다.

● 필자가 말하기를, 필시 잠을 자면서 가위같은 눌림을 당하는 것이 보인다고 했다.

● 짐자는 필자를 신기해 하며, 가위를 당하지 않게 하는 방법이 있나며 물었다.

● 삼전에 삼형을 이루는 글자를 잡아주면 가위에 눌리지 않을 수 있다.

● 필자는 방편을 해주며, 이것이 아마도 도움이 될 것이며 그보다 더 좋은 방법은 쉽지 않겠지만 점자가 스스로 마음을 차분하게 가지는 것이 좋다고 말했다.

● 후에 점자는 필자가 전해준 방편 때문인지 잠이 잘 온다며, 필자에게 고맙다는 인사를 했다.

진로선택 4

庚寅年 辛巳月 戊辰日 酉時 酉將

乾命-己巳 行年-亥

己丑年(기축년)과 庚寅年(경인년)에

己	壬	丙
巳(朱)	申(后)	寅(靑)
巳	申	寅

己	己	戊	戊
巳(朱)	巳(朱)	辰(合)	辰(合)
戊	巳	辰	辰

巳(朱)	午(蛇)	未(貴)	申(后)
辰(合)			酉(陰)
卯(勾)			戌(玄)
寅(靑)	丑(空)	子(白)	亥(常)

【복음·천라·참관·원태】

● 필자(筆者)의 지인 중 한 분이 연예계 회사를 운영하시는 분이 계신다. 필자는 지인 분과 약속했던 장소로 가서 저녁식사를 한 후에 필자에게 의논할 것이 있다며 자신의 사무실로 필자를 안내하였다.

● 지인 분께서는 자신이 계약하려고 하는 친구가 있는데 그 친구와 계약을 하게 되면 괜찮을지 알 수 있냐며 필자에게 정단을 의뢰하였다.

● 초전(初傳)에 巳는 당 월(月)에 월건(月建)이다. 한편으로 巳에 천장(天將)에 주작(朱雀)이 보인다.

● 필자가 말하기를, 데리고 오려는 사람이 필시 연기를 하는 친구는 아니며 가요계와 연관이 있어 보인다고 했다.

● 지인 분께서는 자신이 데리고 오려는 친구가 가수라며, 계약을 한다며 자신에게 큰 이익이 있을 것으로 생각하며 필자에게 계약이 성사될 것 같냐고 물었다.

● 삼전에 삼형이 보이고, 천라(天羅)이다. 물론 행년(行年)에서 천라

(天羅)를 충파하지만, 삼전에 삼형은 현재 있는 회사와 계약이 끝나지 않은 상황을 뜻한다. 말전(末傳)에 보이는 청룡(靑龍)은 태세(太歲)이다. 태세(太歲)에 보이는 청룡(靑龍)은 큰 돈을 의미한다.

- 필자가 말하기를, 그 친구와 계약을 하려고 하나 현재 그 친구가 있는 회사와 계약이 끝나지 않은 것으로 보인다고 했다. 또한 지인 분께서 데리고 올 수 있는 방법은 있지만 너무 큰 돈이 들어가는 것으로 보인다고 했다.

- 지인 분께서는 필자의 말대로 현재 있는 회사와 계약이 끝나지 않은 상태로 만약 지인 분과 계약을 한다면 지금의 회사에게 위약금을 물어주어야 하는 상태라고 했다.

- 필자는 위약금을 물고 데리고 올 정도로 크게 될 친구는 아니라고 했다. 한편으로 삼전이 체극(遞剋)을 한다. 이는 은혜를 모르는 상(象)이다. 계약을 하려고 하는 친구의 命인 巳가 초전(初傳)에 보이고, 삼형을 이루었다. 한편으로 행년(行年)에 보이는 亥는 월파(月波)이고, 천장(天將)에 태상(太常)이 보인다.

- 필자는 필시 이 친구가 술을 좋아할 것이며, 원태격(元胎格)이 보이니 생각과 행동이 신중하지 못함을 의미한다. 삼전에 삼형이 보이고 행년(行年)에 월파(月波)가 보이고 命 상신(上神)에 주작(朱雀)이 보이니, 필시 계약을 하지 않는 것이 좋을 것이라고 했다. 이는 관재를 뜻하기도 하기 때문이다.

- 지인 분께서는 필자에게 방편을 하면 괜찮지 않겠냐며 방편 이야기를 했다. 삼형에 방편은 쉽게 쓰면 안 된다. 이는 삼형이 풀어지면 다른 여타 글자에게 해를 입히기 때문이다.

  己丑年(기축년)과 庚寅年(경인년)에

● 지인 분께서는 필자에게 저번처럼 글자를 써주지 말고, 뱀의 허물을 구해 줄 터이니 저번처럼 구룡포 부적을 써주기를 바랐다.

● 이에 필자는 구룡포를 입히면 행년(行年)에서 충해를 받기 때문에 오히려 임금을 해칠 수 있으니 그 방법은 좋지 못하다고 하였다.

● 후에 언론에서 지인 분께서 계약을 하려던 친구가 성추행 사건으로 언론에 보도되고 있는 것을 보았다. 후에 지인 분께서는 필자에게 그때 필자의 말을 들었는데 욕심이 나서 3일 후에 계약을 하려고 했는데 이틀 전에 그런 사건이 터졌다며, 필자에게 의심을 했다면서 미안한 마음을 전하였다.

질병정단1

庚寅年 庚辰月 己酉日 戌時 酉將

坤命-丙申　行年-寅

己丑年(기축년)과 庚寅年(경인년)에

庚	丙	戊
戌(陰)	午(朱)	申(貴)
亥	未	酉

丙	乙	戊	丁
午(朱)	巳(合)	申(貴)	未(蛇)
己	午	酉	申

辰(勾)	巳(合)	午(朱)	未(蛇)
卯(靑)			申(貴)
寅(空)			酉(后)
丑(白)	子(常)	亥(玄)	戌(陰)

【묘성·여덕】

- 필자(筆者)의 친구에게 전화 한 통이 왔다. 요즘 어머니가 말도 도통 안 하시고 건강도 안 좋아 보인다며, 무슨 이유에서인지 모르겠다면서 필자에게 하소연을 하며 정단을 의뢰했다.

- 초진(初傳)에 戊은 당 월(月)에 천마(天馬)이다. 지반(地盤)에 亥는 역마(驛馬)이다. 중전(中傳)에 午에 주작(朱雀)이 보이니 이는 움직임으로 논한다. 한편으로 초전(初傳)은 괴도천문(魁度天門)이다. 이는 막힘을 뜻한다.

- 4과에 지반(地盤)이 어머니 명(命)이고 상신(上神)에 丁과 천장(天將)에 등사(螣蛇)가 보인다.

- 필자가 말하기를, 어머니를 이사시키려 하냐고 물었다. 점자(占者)는 경제적 상황이 좋지 않아 어머니를 작은 집으로 모시려고 한다고 했다. 이에 필자는 어머니가 이사하시는 것에 대해 심한 스트레스를 받아 아마도 모든 혈(血)이 막히는 상(象)이 보인다고 했다.

● 초전(初傳)에 戌은 火에 庫이다. 지반(地盤)이 亥이다. 괴도천문(魁度天門)은 막힘을 뜻한다. 중전(中傳)에 午가 보이니, 이는 눈을 뜻한다. 그러니 눈에 血이 막혀 있는 상(象)이다. 임상을 하다 보면 눈에 혈(血)이 막히면 떨림이 있다. 이에 점자는 안 그래도 요즘 어머니의 눈이 떨림이 많아 스트레스를 받고 있다고 했다. 한편으로 초전(初傳)에 戌은 火에 庫이니 이는 혈압을 뜻한다. 점자가 말하기를, 혈압 약은 몇 년 전부터 드신다고 했다.

● 중전(中傳) 午 祿에 지반(地盤)이 未이다. 未는 당 월(月)에 소모(小耗)이다. 이는 금전적 어려움이 있어 이동하는 것임을 알 수 있다.

● 필자가 말하기를, 금전적 어려움을 이해는 하지만 연로하신 어머님이 사시는 곳에서 이사를 한다는 건 큰 문제이니 어머니께 다시 한 번 상의하라고 했다. 초전(初傳)에 戌과 亥에 문제가 있으니 방편을 써주면 틀림없이 눈의 떨림은 사라지게 해줄 수 있다. 후에 필자에게 점자와 어머니가 방문하여 고맙다는 인사를 했다.

己丑年(기축년)과 庚寅年(경인년)에

질병정단2

庚寅年 己卯月 丁巳日 巳時 戌將

坤命-丙辰　行年-戌

<table>
<tr><td>丁</td><td>壬</td><td>乙</td></tr>
<tr><td>巳(空)</td><td>戌(蛇)</td><td>卯(常)</td></tr>
<tr><td>子</td><td>巳</td><td>戌</td></tr>
</table>

<table>
<tr><td>0</td><td>丁</td><td>壬</td><td>乙</td></tr>
<tr><td>子(后)</td><td>巳(空)</td><td>戌(蛇)</td><td>卯(常)</td></tr>
<tr><td>丁</td><td>子</td><td>巳</td><td>戌</td></tr>
</table>

<table>
<tr><td>戌(蛇)</td><td>亥(貴)</td><td>子(后)</td><td>丑(陰)</td></tr>
<tr><td>酉(朱)</td><td></td><td></td><td>寅(玄)</td></tr>
<tr><td>申(合)</td><td></td><td></td><td>卯(常)</td></tr>
<tr><td>未(勾)</td><td>午(青)</td><td>巳(空)</td><td>辰(白)</td></tr>
</table>

【중심·주인·참관】

- 점자(占者)가 巳時에 방문하였다. 시어머니가 며느리 병(病)에 대해 물었다.

- 간상(干上)에 귀살(鬼殺) 子는 병(病)의 원인이다. 일간(日干)으로 봐서 子는 태신(胎神)이며 공망(空亡)이다. 여기서 취할 수 있는 것은 아이를 출산한 후에 병(病)이 생긴 것을 취할 수 있다.

- 지상에 戌(蛇)은 병증(病症), 즉 子로 인해 생긴 병(病)이다. 戌은 다리이다. 지반(地盤)은 巳이고 둔간(遁干)이 丁이니 아이를 출산 후에 다리가 묶여 있는 상(象)이다. 그러니 움직임이 자유롭지 못한 것이다.

- 곤명(坤命) 丙辰生에 행년(行年)은 戌에 있다. 상신(上神)이 卯이고 지반(地盤)이 戌이니 손과 발이 묶여 있는 상(象)이다.

- 子는 일간(日干)에 귀살(鬼殺)이다. 巳를 제극함이 보인다. 巳에 둔간(遁干)은 丁이고 천장(天將)은 천공(天空)이다. 여기서 취할 수 있

 ························ *己丑年(기축년)과 庚寅年(경인년)에*

는 것은 巳(空)는 수욕(受辱)이다. 이는 지반(地盤) 子에 앉아 있으니 치아가 벌어져 있는 상(象)이다. 그러하니 치아 역시 건강치 않음이 보인다.

- 子 귀살(鬼殺)이 손을 뜻하는 卯를 刑하니 손[手] 또한 자유롭지 못한 상(象)이다.

- 종합해 보면, 행년(行年)인 卯가 일간(日干)에 墓와 합(合)을 하고 귀살(鬼殺)인 子와 刑하니 손[手]과 발[足]이 아픈 상(象)으로 취할 수 있어 그리 통변하였으며 모두 응(應)함이 있었다.

- 일간(日干)에 기궁(寄宮) 또한 당 월(月)에 사기(死氣)이며 일간(日干)에 墓와 刑하고 귀살(鬼殺)에 지반(地盤)이니 허리 또한 아픈 것으로 취할 수 있었다.

- 이 과전에서 구(求)함은 당 월(月)에 천의(天醫) 巳는 일간(日干)에 墓로 입묘하며 천장(天將) 역시 천공(天空)이니 쓸 수 없으며 지의(支醫)인 亥를 취함이 옳다.

- 구의법(求醫法)은 행년(行年)상에 戌을 맞추어 申을 취하니 申 방위로 의약(醫藥)을 구(求)함이 옳다.

질병정단3

己丑年 丁丑月 壬辰日 戌時 子將

坤命-辛亥　行年-午

己丑年(기축년)과 庚寅年(경인년)에

甲	丙	戊
申(青)	戌(白)	子(玄)
午	申	戌

己	辛	0	甲
丑(后)	卯(空)	午(蛇)	申(常)
壬	丑	辰	午

未(勾)	申(青)	酉(空)	戌(白)
午(合)			亥(常)
巳(朱)			子(玄)
辰(蛇)	卯(貴)	寅(后)	丑(陰)

【중심·육의·섭삼연】

- 시계를 보니 오후 3시를 가르키고 있었다. 2시 손님과의 상담을 마치고 나서 커피 한 잔을 마시고 있는데, 굳은 표정의 한 여인이 방문하였다. 3일 전에 예약한 손님이었다.

- 괴전을 보니 장생 申이 발용이다. 장생 申(青)이 지반(支盤) 午에서 제극을 당하고 있다. 육임(六壬)은 원인을 음신(陰神)에서 찾으면 된다. 중전(中傳) 戌(白)로 전하고 다시 말전(末傳)에 子로 전한다. 여기서 子는 양인(羊刃)이고 병부(病符)이며 형제효(兄弟爻)이다.

- 뜻을 종합해 보면, 형제(兄弟) 중에 아픈 사람이 있는 것으로 보인다. 초전(初傳)에 지반(地盤)이 낙공(落空)이니 필시 결혼을 하지 못한 상(象)이고, 술(戌)로부터 제극을 당하니 술은 火에 墓이다. 질병(疾病)정단에서는 귀살(鬼殺)에 제극과 백호(白虎)에 제극함을 살펴야 하지만 백호(白虎)에 음신(陰神) 또한 중요하다.

- 戌(白)은 火에 墓이고 초전(初傳)에 申은 水에 장생이다. 중전(中傳)

에 戌은 당 월(月)에 비혼(飛魂)이다. 이는 정신이 온전치 않은 상
(象)이다. 뜻을 취해 보면, 戌은 火에 墓이고 정신세계이다. 그러니
정신적인 문제가 있을 것으로 판단하였다.

- 子(玄)는 비밀이고 감추고 싶은 문제이다. 戌(白)에 제극을 당하니
필시 드러내고 싶지 않은 형제(兄弟)의 병(病)일 것이다. 子가 일간
(日干)에 양인(羊刃)이니 더욱 더 그 뜻을 취할 수 있다.

- 행년(行年)은 午에 있다. 상신(上神)은 장생이다. 행년(行年)에 午는
일간(日干)에 재효(財爻)이다. 재(財)는 질병(疾病)정단에서 먹는 것
을 의미한다. 공망(空亡)이니 먹는 것도 시원치 않음이 보인다. 午
지반(地盤)에서 장생을 제극하니 그 뜻을 취할 수 있다.

- 양인(羊刃) 子에서 일간(日干) 음신(陰神)인 卯와 형(刑)하니 점자의
언니는 알 수 없는 행동을 할 것이다. 그리고 子(玄)는 신체 중에 귀
[耳]에 속한다. 그러니 子時가 되면 귀[耳]에 이상한 소리가 들린다
고 할 것이며, 가족들이 보면 알 수 없는 행동과 예의 없는 행동을
할 것이라고 했다.

- 형제효(兄弟爻)인 子가 당 월(月)에 파쇄(破碎)와 합(合)하니 이 형제
(兄弟) 때문에 금전적 손실도 많음을 알 수 있다.

- 점자는 울며 다시 말하기를, 이 형제(兄弟)가 심해지면 병원에 입원
시키느라 금전적인 어려움이 많다고 하였다.

- 상담을 하다 보면 이런 문제가 사실 많다. 그러나 의학적으로 해결
되지 않는 문제가 더 많음을 상담을 통해 많이 느낀다. 병자(病者)는
병원에 입원한다고 해서 낫는 병(病)이 아니라는 걸 과전을 통해 알
수 있다.

 己丑年(기축년)과 庚寅年(경인년)에

●초전(初傳)에 신(申)은 부모효(父母爻)이다. 지반(地盤) 午에 제극을 당하고 있고 낙공(落空)이다. 이는 부모(父母) 중에 한 분이 안 계신 것이다.

●아버지가 안 계신 것이 보인다. 여기서 산소탈을 논할 수 있다. 초전(初傳)에 천반(天盤)은 申 부모효(父母爻)이다. 부모효(父母爻)가 다시 중전(中傳) 백호(白虎)에 지반(地盤)이 되고 양인(羊刃)에 생기가 되니 필시 이것은 산소에서 탈을 부리고 있는 것으로 보았다.

●초전(初傳)에 둔간(遁干)은 순수(旬首)이고 申은 사람의 인골(人骨)을 뜻한다. 지반(地盤) 午에 제극을 당하니 부친의 인골(人骨)은 부패되지 않았을 것이다.

●점자가 당황해하며 믿지 않는 눈치였지만 산소 주변 정세를 틀림 없이 말해 주니, 가족들과 상의해서 다시 방문한다고 하고 사무실을 나갔다.

●그날 늦은 저녁 점자와의 통화에서 다음 날 꼭 다시 만나뵙기를 하여 5일 후인 병신(丙申)일 날 다시 약속을 잡아 가족들을 만나게 되었다. 그날로 잡은 이유는 간단하다. 삼합이 되어 모든 일이 순조롭기 때문이다. 망자(亡者)는 물로 가기를 원하기 때문이다.

●후에 안 사실이지만, 이 과전에서 하나를 놓친 것이 있다. 파묘를 해 보니 초전(初傳)에 申은 월(月) 내에 휴기이다. 그러니 작은 돌이 관을 누르고 있는 것을 보았다. 물론 부친의 시신은 썩지 않은 모습이었다.

●파묘에 있어 필자의 말을 신뢰하기 힘들었겠지만, 파묘 이전에 언니의 행동을 잠시 멈추게 해줄 터이니 그 뒤에 판단하라고 말해 주었

던 것이 주요했다. 화장을 한 후에 물에 뿌리고 오던 날 필자의 몸이 몹시 아파왔다.

●2개월이 지난 시점인 **庚寅年 己卯月**에 언니가 좋은 사람을 만나 연애를 하고 있다는 소식을 접했다. 이런 소식을 듣고 나면 이 학문을 접하게 해준 신께 감사드리는 마음을 금할 수 없다.

질병정단 4

己丑年 乙亥月 甲戌日 酉時 寅將

乾命-戊寅 行年-丑

<table>
<tr><td>丙</td><td>辛</td><td>甲</td></tr>
<tr><td>子(蛇)</td><td>巳(常)</td><td>戌(合)</td></tr>
<tr><td>未</td><td>子</td><td>巳</td></tr>
</table>

<table>
<tr><td>癸</td><td>丙</td><td>己</td><td>0</td></tr>
<tr><td>未(空)</td><td>子(蛇)</td><td>卯(陰)</td><td>申(靑)</td></tr>
<tr><td>甲</td><td>未</td><td>戌</td><td>卯</td></tr>
</table>

<table>
<tr><td>戌(合)</td><td>亥(朱)</td><td>子(蛇)</td><td>丑(貴)</td></tr>
<tr><td>酉(勾)</td><td></td><td></td><td>寅(后)</td></tr>
<tr><td>申(靑)</td><td></td><td></td><td>卯(陰)</td></tr>
<tr><td>未(空)</td><td>午(白)</td><td>巳(常)</td><td>辰(玄)</td></tr>
</table>

【지일】

●지인의 소개로 아이의 병(病) 정단을 의뢰하였다.

●간상(干上)에 未(空)는 일간(日干)에 墓이다. 둔간(遁干)이 폐구(閉口)이고 천장(天將)이 천공(天空)이니 남에게 말 못할 고민의 상(象)이다. 음신(陰神)에 자식(子息)을 뜻하는 子(蛇)는 말 못할 고민의 이유이다. 일간(日干) 묘(墓)에 좌했으니 말을 잘 못하는 상(象)이고, 4과에 申이 역마(驛馬)임에 움직이는 상(象)이지만 공망(空亡)이고 申은 신체이고 역마(驛馬)에 해당하니 몸이 자유롭지 못한 상(象)이다. 또 하나 취할 수 있는 것은 子가 월(月)에 천마(天馬)이나 등사(螣蛇)가 보이니 이 역시 움직임이 자유롭지 못한 상(象)이다.

●4과에 申은 역마(驛馬)이기도 하지만 월(月)에 비혼(飛魂)이기도 하다. 이는 질병(疾病)정단에서 혼미한 상(象), 즉 정신이 온전치 못한 상(象)이다. 4과에 보이니 더욱 더 침체된 상(象)이다.

●말하기를, "아이가 말을 어눌하게 할 것이며 행동도 자유롭지 못한

 己丑年(기축년)과 庚寅年(경인년)에

상(象)이 보입니다." 질병(疾病)정단에서 사묘복생(四墓覆生)반은 반복됨을 의미한다. 또한 말전(末傳)에 戌(合)은 둔간(遁干)이 甲으로 순수(旬首)이고 간상(干上)에 未(空)에 둔간(遁干)은 폐구(閉口)이다. 이를 종합해 보면, 말과 행동에 있어 똑같은 행동을 반복해서 하는 상(象)이다. 이는 자폐를 뜻한다.

●과체가 지일이니 필시 아이가 하나 더 있을 것으로 보인다. 巳(常)는 또 하나의 자식(子息) 상(象)이다. 음신(陰神)에 子(蛇)에 제극을 당하니 한 아이로 인해 다른 아이는 신경을 쓸 틈이 없어 보인다고 하였다.

●점자(占者)가 말하기를, 아이가 자폐증이 있다고 하였다. 점자의 눈을 보니 한없이 슬픔이 가득찬 모습이었다.

●슬픈 이야기지만, 중전(中傳)에 巳가 말전(末傳)에 戌로 입묘하는 상(象)이고 천장(天將)이 육합(六合)이니 자폐증을 앓는 아이와 가까이 하지 않았으면 한다고 소심스럽게 말해 주었나.

●다행히 점자는 수궁을 하며 말하였다. "안 그래도 요즘 형이 하는 행동을 동생이 따라해서 걱정스러웠는데, 선생님께서 그렇게 말씀해 주시니 결정을 하는 데 도움이 되었습니다."

●내년에는 아이를 절대로 물가에 보내면 안 된다. 그것은 무인(戊寅)생에 내년 행년(行年)은 寅에 있다. 내년 행년상신(行年上神)에 墓가 보이고 둔간(遁干)이 폐구(閉口)이고 행년(行年) 음신(陰神)에 子(蛇)가 보인다. 뜻을 종합해 보면, 내년 여름에 물가에서 좋지 않은 일이 생길 수 있다는 뜻을 취할 수 있다.

●마지막으로 아이가 조금 나아질 수 있는 방법을 가르쳐주었다. 누구

나가 그렇지만 아이에 대한 부모의 사랑은 끝이 없다는 걸 느낄 수
있었다.

질병정단5

庚寅年 辛巳月 癸亥日 戌時 酉將

坤命-丙辰 行年-戌

壬	辛	庚
戌(白)	酉(空)	申(靑)
亥	戌	酉

0	癸	壬	辛
子(靑)	亥(常)	戌(白)	酉(空)
癸	子	亥	戌

辰(蛇)	巳(朱)	午(合)	未(勾)
卯(貴)			申(靑)
寅(后)			酉(空)
丑(陰)	子(玄)	亥(常)	戌(白)

【원수·퇴여·참관】

- 필자(筆者)의 손님 중에 한 분이 전화를 하셨다. 지난번에 며느리 출산 문제로 전화를 하신 분인데, 며느리가 요즘 몸이 안 좋다며 걱정이 되어서 전화를 한다며 정단을 의뢰하였다.

- 用時가 戌이고 천장(天將)에 백호(白虎)가 보이니 며느리의 질병(疾病)이다.

- 戌은 火에 庫이다. 초전(初傳)에 보이는 戌은 가슴을 뜻한다. 괴도천문(魁度天門)이 보이고, 오른쪽을 뜻한다.

- 필자가 말하기를, 며느님이 아마도 가슴이 아픈데 오른쪽이 심할 것이며, 가슴이 막힌 것처럼 부어오르는 느낌일 것이라고 했다.

- 점자(占者)는 안 그래도 며느리가 가슴이 아프다며, 오른쪽 가슴이 더 아프다고 했다고 한다.

- 간상(干上)에 子는 자식(子息)을 뜻한다. 음신(陰神)에 亥 역시 어린 아이를 뜻한다. 한편으로 坤命 丙辰生 命 상신(上神)에 卯는 당 월

己丑年(기축년)과 庚寅年(경인년)에

(月)에 생기효이며, 자식효(子息爻)이다. 초전(初傳)에 보이는 戌은 어미의 가슴을 뜻하며, 괴도천문(魁度天門)이다. 삼전이 퇴여(退茹)로 흘렀다. 중전(中傳)에 보이는 酉 천공(天空)은 파쇄(破碎)이다. 지반(地盤)에 戌은 어미의 가슴을 뜻하며, 질병(疾病)정단에서 패지는 먹을 것을 의미한다.

●말전(末傳)에 보이는 申은 장생이며, 패지에 임했다. 한편으로 丙辰 生 坤命에 행년(行年)은 戌에 있다. 상신(上神)에 酉는 패지이며, 파쇄(破碎)이다. 이는 패지가 절(絶)을 만난 상(象)을 취할 수 있다. 한편으로 삼전은 부모효(父母爻)이다.

●격(格)은 참관(斬關)이나, 괴도천문(魁度天門)을 만난 격(格)이다. 이는 길이 막혀 흐르지 못하는 것을 취할 수 있다.

●필자가 말하기를, 며느님이 수유를 하셨다가 요즘 수유를 많이 안 하려고 할 것이다. 그로 인해 젖이 돌다가 멈추는 상(象)으로, 아이가 젖을 안 먹을 시기가 왔다는 것이다.

●점자는 전화통화를 하면서 옆에 며느리가 있었는지, 며느리에게 물어보는 것이 귀에 들렸다. 며느리가 옆에서 하는 말이 안 그래도 요즘 젖을 안 먹이려고 하는 중이라고 했다.

●점자는 고맙다며, 병원에 안 가봐도 될 것 같다고 했다. 이에 필자는 그래도 병원에 예약을 하셨다니 병원에는 가 보시라고 했다.

●후에 점자에게 전화가 왔다. 산부인과에 가 보니 모유를 먹이다가 안 먹이게 돼서 생기는 한 과정이라며 걱정하지 말라고 했다고 하며, 필자에게 고맙다는 인사를 전했다.

질병정단6

己丑年(기축년)과 庚寅年(경인년)에

己	0	丁
卯(后)	申(空)	丑(蛇)
戌	卯	申

己	0	甲	己
卯(后)	申(空)	戌(勾)	卯(后)
辛	卯	巳	戌

戌(勾)	亥(合)	子(朱)	丑(蛇)
酉(靑)			寅(貴)
申(空)			卯(后)
未(白)	午(常)	巳(玄)	辰(陰)

【중심·참관·여덕·불비·작륜·난수】

●지인 분의 소개로 점자(占者)가 방문하였다. 아이에 대해 정단을 했던 사례이다.

●간상(干上)과 4과에 보이는 卯는 자식을 뜻한다. 한편으로 卯는 불비(不備)이다. 4과는 음중음(陰中陰)을 뜻한나. 이는 감추고 남에세 말하지 못하는 부분을 뜻한다. 격(格)이 착륜(斲輪)이며, 참관(斬關)이 보인다. 卯는 차륜(車輪)이고, 申은 도끼이다. 공망(空亡)이 보이니 도끼를 잃은 상(象)이며, 나무가 불비(不備)가 되었다. 말전(末傳)에 丁神이 보이고, 丑은 도끼에 墓를 당한다.

●불비(不備)는 무엇인가 모자른 것이다. 卯는 손을 뜻하고 戌은 다리를 뜻하니, 이는 손과 발이 묶여 움직일 수 없는 것을 취할 수 있다. 卯가 戌에 가하면 역산을 뜻한다. 이는 출산에 문제가 있었음을 뜻한다. 戌은 당 월(月)에 혈지(血池)이며 산살(産殺)이니, 이 역시 출산에 문제가 있었음이 보인다. 申은 도끼이지만 전송(傳送)을 뜻하나

공망(空亡)이 되었다. 말전(末傳)에 丁神이 보이나 낙공이 보이고, 丑은 일간(日干)에 墓이니, 이 역시 움직임을 논할 수 없다.

●필자(筆者)가 말하기를, 아이가 손과 다리가 불편한 것으로 보인다. 이는 출산을 할 때 문제가 있어서 일 것이라고 했다. 한편으로 말전(末傳)에 丁은 정신을 뜻한다. 丑은 일간(日干)에 墓이니, 이는 머리에도 문제가 있음을 알 수 있다.

●점자는 필자가 예측한 대로 손과 다리가 불편하며, 장애가 있다고 했다. 또한 자폐증 역시 앓고 있어 필자가 자폐아를 조금 낫게 한 소문을 듣고 왔다며 방법이 없냐고 물었다.

●필자는 점자에게 이런 말을 했다. 소문을 듣고 오셨으니 방법을 제시하겠지만 하늘에서 주신 병(病)을 완치할 수는 없다는 말을 하며, 조금이라도 낫게 하는 방법을 드릴 테니 꼭 아이가 좋아졌으면 한다는 말을 하였다.

●말전(末傳)에 丑은 아이의 命이다. 둔간(遁干) 역시 丁이니, 아이의 命인 丁丑과 일치한다. 일간(日干) 辛에 墓는 丑에 있다. 丑의 작용력을 이용하면 아이는 자폐증에서 조금 벗어날 수 있다. 하지만 움직임을 정상으로 돌려놓을 수는 없다. 물론 조금 나아지게 하는 방법은 있다. 일설에 의하면 자폐아를 정상으로 돌려놓았다는 육임(六壬)가를 보았다. 하지만 그자는 하나는 알고 둘은 모르는 사람이다. 그것은 하나를 얻게 되면, 둘 이상을 잃어버리게 된다. 중전(中傳)에 申을 이용하게 되면 申은 형제효(兄弟爻)가 되니, 이는 아이의 손과 발이 자유롭게 되더라도 그 이후로 자신의 형제(兄弟)가 또다시 말전(末傳)에 보이는 丑에 墓를 당하니, 필시 형제(兄弟)에게 안 좋은

 己丑年(기축년)과 庚寅年(경인년)에

일이 생길 수 있음을 암시한다. 둔간(遁干)에 丁神이 보이니, 이는
흉함이 크다라는 걸 알 수 있다.

질병정단7

庚寅年 壬午月 庚寅日 戌時 申將

坤命-戊子, 行年-午

己丑年(기축년)과 庚寅年(경인년)에

0	壬	庚
午(蛇)	辰(合)	寅(青)
申	午	辰

0	壬	戊	丙
午(蛇)	辰(合)	子(白)	戌(玄)
庚	午	寅	子

卯(勾)	辰(合)	巳(朱)	午(蛇)
寅(青)			未(貴)
丑(空)			申(后)
子(白)	亥(常)	戌(玄)	酉(陰)

【섭해·간전·고조·여덕】

● 戌時에 방문했던 손님이다. 用時에 현무(玄武)가 보이고, 用時가 임한 子에 백호(白虎)가 보인다.

● 子는 조객(弔客)이고, 用時 戌은 사기(死氣)이고, 用時가 부모효(父母爻)이다.

● 필자(筆者)가 말하기를, 부모님 중에 한 분이 아픈신 거로 나오며 그로 인해 방문한 것이 보인다고 했다.

● 점자(占者)는 어머님이 많이 아프셔서 병원에 입원하셨다면서, 걱정이 이만저만이 아니라고 했다.

● 일지상(日支上)에 子는 백호(白虎)이며, 초전(初傳)에 午는 일간(日干)에 귀살(鬼殺)이며, 지반(地盤)에 申은 역마(驛馬)이다. 한편으로 辰은 당 월(月)에 생기이나 천장(天將)으로부터 제극을 당한다.

● 말전(末傳)에 寅은 당 월(月)에 천마(天馬)이다. 이 모든 것을 종합해 취해 보면, 어머니는 다리가 불편한 상(象)이며, 간전(間傳)은 역으

로 흐른다. 한편으로 고조(顧祖)이다. 이는 낮을 뜻하는 午가 한밤중에 寅으로 흐르고, 寅은 당 월(月)에 천마(天馬)이니, 지금의 병 증상이 좋지 못하게 흐르고 있다라는 걸 알 수 있다.

●63 곤명(坤命)에 행년(行年)은 午에 있다. 상신(上神)에 辰은 상문(喪門)이고, 지상(支上)에 백호(白虎)인 子를 만난다.

●초전(初傳)에 午는 당 월(月)에 월염(月厭)이다. 午는 머리를 뜻하고 혈(血)을 뜻한다. 월염(月厭)은 막힘을 의미하고, 지반(地盤)에 申은 역마(驛馬)이다. 즉, 머리에 혈(血)이 흐르지 않으니 머리와 몸이 자유롭지 못함을 의미한다. 한편으로 중전(中傳)에 辰은 풍백(風伯)이다. 命 상신(上神)에 戌은 사기(死氣)이고, 다리를 뜻한다. 뜻을 종합해 취해 보면, 머리에 혈(血)이 흐르지 않아 머리와 몸이 마음먹은 대로 움직이지 못하니, 이는 풍(風)을 의미한다.

●초전(初傳) 지반(地盤)에 申은 고진(孤辰)이며, 초전(初傳) 천반(天盤) 역시 공망(空亡)이다. 이는 초전(初傳)에 午는 관귀효(官鬼爻)이니 어머님의 남편을 뜻하며, 말전(末傳)에 천마(天馬)를 만나고, 역간전(間傳)으로 흘러 밤중으로 들어가니 남편을 잃은 상(象)으로 그로 인해 낙심하는 상(象)을 취할 수 있다.

●필자가 말하기를, 어머님이 남편을 잃은 후에 낙심을 많이 하신 거로 보인다고 했다.

●점자는 안 그래도 아버지가 허무하게 돌아가셔서 어머님이 그 이후로 많이 아프셨다며, 어떻게 해야 할지 모르겠다고 했다.

●필자가 말하기를, 지금 있는 병원은 병 원인을 밝히기가 힘든 것으로 보이니, 다른 병원으로 옮기시는 게 좋아 보인다고 했다.

● 점자는 안 그래도 지금 있는 병원에서 검사만 많이 했지 병 원인에 대해서 밝히는 것이 쉽지 않은 것으로 보여 형제들간에 병원을 옮기자는 말이 나왔다며 병원을 옮기려고 한다고 했다.

● 지상(支上)에 子에 백호(白虎)가 보여 중전(中傳)에 辰 생기를 합(合)으로 묶어 생기에 힘을 받고 있지 못한다. 간상(干上)에 午는 일간(日干)에 관귀(官鬼)로 흉(凶)하나, 말전(末傳)에 寅으로부터 생을 받아 중전(中傳)에 辰에 생기효를 생하고 있으니 이는 다른 병원으로 옮기는 것이 마땅한 것으로 보인다.

● 과전이 흉하여 비록 병원을 옮긴다 한들 쉽게 나을 수 있는 병은 아니나, 지금의 병원을 뜻하는 子가 일간(日干)을 탈기하니 이는 검사로 인한 탈수 증상을 뜻한다.

● 후로 점자에게 병원을 옮기 후에 어머님의 머리에 혈(血)이 막혀 손발을 잘 쓰지 못하는 풍(風)으로 결과가 나왔다며, 의사가 쉽게 나을 수 있는 병은 아니나 다행히 빨리 오셔서 차후에 운동과 함께 치료를 병행한다면 결과가 좋아질 것이라며 너무 걱정 하지 말라는 말을 했다고 한다. 이에 점자는 필자의 말을 듣고 병원을 빨리 옮긴 것이 주요했다며 감사의 말을 전하였다.

소송정단1
(한명숙 총리 소송건)

庚寅年 己卯月 丁巳日 巳時 亥將

己丑年(기축년)과 庚寅年(경인년)에

丁	癸	丁
巳(空)	亥(貴)	巳(空)
亥	巳	亥

0	己	癸	丁
丑(陰)	未(勾)	亥(貴)	巳(空)
丁	丑	巳	亥

亥(貴)	子(后)	丑(陰)	寅(玄)
戌(蛇)			卯(常)
酉(朱)			辰(白)
申(合)	未(勾)	午(靑)	巳(空)

【반음·원태·여덕】

- 요즘 언론에 나오고 있는 전 국무총리 h씨에 대한 소송을 공부 차원에서 정단하였다.

- 반음(反吟)에 주(主)는 시작과 끝이 보이지 않는 상(象)이다. 이 과전 역시 반음(反吟)의 상(象)이다. 일간(日干)은 검찰이며, 일지(日支)는 h총리이다.

- 검찰을 뜻하는 일간상신(日干上神)에 丑(陰)은 자원(字源) 맬 유(杻)이다. 丑은 金에 墓이다. 丑은 지나간 일, 고민을 뜻하는 병부(病符)이다. 음신(陰神)에 未(勾)가 보이니 고민상으로 뜻을 취할 수 있다.

- 검찰을 뜻하는 간상(干上)에 재(財)에 묘(墓)인 丑이 보이고 고민을 뜻하는 병부(病符), 음사와 뒷거래를 뜻하는 태음(太陰)이 보이니 뜻을 취해 보면, 검찰은 돈을 받았다는 증거를 찾지 못해 고민하는 상이며, 음신(陰神) 未(勾) 역시 낙공(落空)을 맞았으니 그 뜻을 취함이 옳다.

●전 국무총리를 뜻하는 해[亥]는 월장(月將)이기는 하나 둔간(遁干)에 폐구(閉口)가 보이니 지난 간 실세라는 것이 보인다. 둔간(遁干)의 폐구(閉口)로 취할 수 있는 것은 전 국무총리인 h씨는 이번 소송에서 입을 닫고 있는 상(象)으로 볼 수 있다. 음신(陰神)에 巳(空)는 형제효이니 증인이며, 검찰을 뜻하는 丑과 상생(相生)하니 검찰을 동조하는 상(象)이다. 일지(日支) 음신(陰神)은 전 국무총리를 뜻하는 h씨에 주변인이다. 주변인이 검찰을 뜻하는 丑과 상생(相生)하고 亥를 충극하니 반음(反吟)에 主를 취할 수 있다.

●증인를 뜻하는 巳(空)는 말에 있어 진실성이 떨어짐을 알 수 있으며, 둔간(遁干) 역시 丁이니 말에 있어 일정치 않으며 불안해하고 있는 상(象)이다. 병부(病符)와 상생(相生)하고 있음이 보인다. 부연하자면, (辰戌丑未)가 일간에 자식효가 되고 태상(太常)·구진(勾陳)·귀인(貴人)·천공(天空)이 되면 당뇨를 앓고 있다고 본다.

●검찰을 뜻하는 간상(干上)이 공망(空亡)이며 음신(陰神) 역시 공망인데, 검찰이 이 사건에 목을 메는 이유를 찾는다면 현무(玄武)승신을 보면 알 수 있다. 현무(玄武)승신에 태세(太歲)가 보인다. 태세(太歲)는 나라의 임금을 뜻한다.

●초전(初傳)이 巳(空)이고 4과 발용이니 전 국무총리 h씨의 주변인 중 한 사람이 검찰과 동조하여 없는 말을 만들어 亥(貴)에 입을 닫으려는 상(象)이다. 전 국무총리 h씨는 亥月將 기간 동안은 입을 열지 않는 상이다. 오히려 주변인들이 말을 하는 상(象)이지만 둔간(遁干)에서 충극을 하고 있으니 이것 또한 도움이 되지 않는 상(象)이다.

●검찰에 공망(空亡)이 보인다. 현무(玄武)승신에 亥(貴)를 묶는 寅(太

歲)가 보인다. 중전(中傳) 亥(貴)는 수도인 서울을 뜻하며 월장(月將)이니 권좌를 뜻한다. 하지만 둔간(遁干)이 폐구(閉口)이니 순조롭지 않은 상이다.

- 초전(初傳) 지반(地盤)이 亥이니 소송(訴訟)은 **己丑年 乙亥月**에 시작되어 **庚寅年 辛巳月**에 맺음이 보인다. 반음(反吟)과에 소송(訴訟)의 主는 원고나 피고에게 의문점만 남긴다. 허물을 벗는다 한들 시원치 않은 상(象)이며, 죄의 경중(輕重)을 따지는 것이 무의미하다는 것이다.

- 종합해서 판단한 것은 전 국무총리인 h씨가 서울로의 정치입문 생각을 버리면 되는 것이다. 얼마 전 서울시장으로의 출마선언을 한 것을 보니, 이 과전과 일맥상통(一脈相通)함을 알 수 있다. 얼마 전 열반(涅槃)하신 법정 스님에 무소유(無所有)라는 말씀이 귓가에 맴돈다.

혼인정단1

己丑年 庚午月 戊午日 卯時 未將

乾命-壬戌　行年-巳
坤命-庚申　行年-未

己丑年(기축년)과 庚寅年(경인년)에

甲	戊	壬
寅(后)	午(白)	戌(合)
戌	寅	午

辛	0	壬	甲
酉(勾)	丑(貴)	戌(合)	寅(后)
戌	酉	午	戌

酉(勾)	戌(合)	亥(朱)	子(蛇)
申(靑)			丑(貴)
未(空)			寅(后)
午(白)	巳(常)	辰(玄)	卯(陰)

【원수·육의·교동·참관·여덕·염상】

- 巳時에 두 번째 점자(占者)로 활시법으로 제출하였다. 결혼을 하려고 하는 남성 점자로 궁합 외에 결혼식 날짜, 앞으로의 인생에 대해 물었다.

- 필자(筆者)가 묻기를, 처(妻)가 될 사람이 **庚申生**이 맞냐고 물었다. 이에 점자는 **庚申生**이 맞다며 문제가 있냐고 물었다.

- 삼전이 염상(炎上)으로 合을 이루었다. 그러니 혼인(婚姻)이 이루어지는 상(象)이다. 그러나 간지상(干支上)이 害이다. 이는 막힘이 있는 상(象)이다. 염상(炎上)의 合은 火가 타오르는 것으로 결혼이 빠르게 진행되는 것을 의미한다. 이 과전에서 간(干)은 여자이고, 지(支)는 남자를 의미한다. 여자를 뜻하는 간상(干上)에 酉는 소모(小耗)이고, 음신(陰神)에 丑은 여자의 부모를 뜻한다. 지반(地盤)에 酉가 입묘하는 상(象)이니, 필시 부모(父母)가 없는 것을 의미한다. 戊는 陽이고 丑은 陰이니 음양(陰陽)으로 논하면 남자를 뜻하니, 아버

지가 없는 상(象)이다. 한편으로 酉는 소모(小耗)로 이번 결혼에 부모가 도움이 되지 않는 상(象)이다.

- 삼전은 교동(狡童)이다. 천반(天盤)에 寅은 男을 뜻하고, 지반(地盤)에 戌은 남자의 命이다. 그러니 이번 결혼이 남자의 주도하에 이루어지는 상(象)이다. 한편으로 午는 태신(胎神)이다.

- 필자가 말하기를, 이번 결혼이 급하게 된 이유가 있다. 이는 처(妻)될 사람이 임신을 한 것으로 보이며, 여자쪽이 금전적으로 힘든 것으로 보이고, 여자가 공부도 많이 하지 못한 것으로 보인다. 이는 부모의 복(福)이 없어서 일 것이라고 했다.

- 점자는 필자가 예측한 대로 처(妻)될 사람이 공부는 잘했지만, 어려서 아버지가 돌아가셔서 공부를 많이 하지 못했으며, 결혼을 급하게 서두르는 이유가 처(妻)될 사람이 임신을 하게 돼서 급하게 서두르게 되었다고 한다.

- 삼전에 삼합은 결혼의 상(象)이지만 이 결혼은 하지 못하게 되며, 한편으로 처(妻)의 뱃속에 있는 아이는 인위적으로 유산을 하게 될 것이다. 이는 午 태신(胎神)이 말전(末傳)에 戌로 입묘하기 때문이다. 戌은 午月에 사기(死氣)이다. 한편으로 처(妻)의 년명상신(年命上神)에 子가 태신(太神) 午를 충극하니 이 또한 아이의 인위적 유산을 의미한다. 다시 풀이하면, 午는 밝은 태양을 의미하나 해가 가려지는 밤중 戌로 입묘하니 그 아이가 어찌 태양을 볼 수 있다고 말할 수 있겠는가.

- 초전(初傳)의 寅에 천후(天后)에 처(妻)의 상(象)이 보인다. 寅은 당월(月)에 천마(天馬)로 처(妻)가 戌로 입묘하는 상(象)이니, 필시 아

己丑年(기축년)과 庚寅年(경인년)에

이를 유산 후에 이 두 사람에 인연은 끝이 날 것이다.

● 중전(中傳)에 午는 태신(胎神)으로 이번 결혼에 중개 역할을 하지만, 처(妻)의 명상신(命上神)에서 중전(中傳)을 충극하니 이 역시 결혼이 이루어지는 상(象)으로 볼 수 없으며, 아이 유산 후에 필시 인연이 끊어지는 것으로 보인다.

● 필자는 결혼날짜를 잡으러 온 사람에게 조심스럽게 이야기를 해주었다. 이에 점자는 화가 많이 난 상태로 상담료도 내지 않고 사무실을 박차고 나갔다.

● 후에 두 달이 지난 시점에 점자가 필자를 만나기를 간청했다. 이에 필자는 만남을 거절하였지만, 간곡하게 부탁을 하여 다시 점자를 만났다.

● 점자는 필자가 예측한 대로 얼마 지나지 않아 처(妻)될 사람이 자신 모르게 유산을 하였고, 인연이 아닌 것 같다며 헤어질 것을 종용했다고 한다. 그 이후로 술로 날을 지냈다며, 앞으로 어찌 살아야 하지를 묻는 점자에 얼굴이 슬픔으로 가득 차 있는 것을 보면서 필자 역시 속상함을 감출 수 없었다.

혼인정단2

庚寅年 壬午月 辛卯日 巳時 申將

乾命-?
坤命-丁未　行年-丑

己丑年(기축년)과 庚寅年(경인년)에

乙	戊	辛
酉(白)	子(陰)	卯(蛇)
午	酉	子

己	壬	0	乙
丑(后)	辰(朱)	午(勾)	酉(白)
辛	丑	卯	午

申(空)	酉(白)	戌(常)	亥(玄)
未(靑)			子(陰)
午(勾)			丑(后)
巳(合)	辰(朱)	卯(蛇)	寅(貴)

【중심·구축·여덕·천번】

- 필자(筆者)가 새벽에 산을 올라 기도를 한 후 10시가 되어서 내려오는 길이었다. 기도를 한 후 내려오는 길에 필자는 절대로 전화를 받지 않는 버릇이 있다. 하지만 그날 따라 똑같은 번호로 몇 번이나 전화가 오고, 또 한편으로 가족들간에 쓰는 전화가 따로 있는데 그쪽으로 똑같은 번호로 오길래 할 수 없이 받았다.

- 점자(占者)는 자신이 연예계에 종사하는 사람인데 소개로 전화를 했다며, 자신이 아는 언니가 결혼을 하려고 하는데 이 결혼이 성사가 될지를 물었다.

- 필자는 자신의 문제도 아닌데 전화를 그리 많이 한 것이 이상해 보였다. 이에 점자는 자신이 아는 언니가 무속인 집에 가서 궁합을 보았는데 굿을 하면 살 수 있고 굿을 하지 않으면 살 수 없다고 하며 몇 천만 원을 요구했다고 한다. 또한 그럴 만한 이유가 있어서 그러니 꼭 한번 봐주었으면 한다고 정중하게 부탁을 했다.

●일간(日干)에 여자의 행년(行年)이 보인다. 이에 필자는 일간(日干)을 여자로 보았다.

●간상(干上)에 보이는 丑은 일간(日干)에 墓이다. 한편으로 丑은 병부(病符)이다. 음신(陰神)에 辰은 당 월(月)에 생기이나 지반(地盤) 丑 병부(病符)에 임했다. 초전(初傳)에 보이는 酉는 일간(日干)에 祿이고 백호(白虎)가 보인다. 4과에 올랐으니 필시 이번 결혼이야기가 성급했음을 의미한다. 지반(地盤)에 午는 일간(日干)에 관귀(官鬼)이고, 삼전이 사중신이다.

●필자가 말하기를, 이번 결혼이 재혼의 상(象)으로 보인다고 했다. 또한 처음 결혼으로 인해 여자쪽은 금전적으로 힘들어졌으며, 필시 아이가 있는 것으로 보인다고 했다.

●점자는 언니가 한번 결혼을 실패했으며 그 실패 원인으로 자신의 전 남편에게 사업자금을 대주었는데 그로 인해 실패를 보았으며, 전 남편 사이에 아이가 한 명 있다고 했다.

●지상(支上)에 午는 재혼을 하는 남자를 뜻한다. 이 남자 역시 연예계 쪽 일을 할 것이며, 지금은 금전적으로 힘든 것으로 보인다고 했다. 지금은 금전적으로 힘든 것을 모르고 있을 것이나 아마도 가을이 되면 이 모든 상황을 여자쪽에서 알게 될 것이라고 했다.

●중전(中傳)에 子는 여자쪽 자식을 뜻한다. 子는 당 월(月)에 월파(月波)이며, 지상(支上)에 午와 충을 한다. 한편으로 말전(末傳)에 卯는 재효(財爻)이며, 子와 무례지형을 이루었다.

●삼전이 사중신이고 초전(初傳)이 4과에서 올랐다. 필자가 말하기를, 이 결혼이 9월에 있을 것으로 보이나, 이 결혼은 성사되기 어렵다.

이는 남자쪽에서 너무 성급하게 생각한 것을 후회하는 것이 보이며, 그중에 하나의 이유는 여자쪽 아이 문제일 것이라고 했다.

●이에 점자는 자신이 재혼하는 남자를 잘 안다며 그 전에 이혼한 것도 금전적인 문제로 이혼했다며, 자신이 아는 언니가 걱정된다며 어찌 해야 할지 모르겠다며 필자에게 좋은 방법이 없냐고 물었다.

●삼전에 사중신이 보이고, 말전(末傳) 卯 제효(財爻)에 등사(螣蛇)가 보인다. 이는 지금은 모든 것이 정해지지 않은 상태이며, 아마도 사랑은 하고 있지만 서로에게 믿음이 없는 상(象)이다. 아마도 스쳐 지나가는 인연으로 보이지만, 여자쪽에 보이는 丑이 일간(日干)에 墓이고, 자식효(子息爻)와 합(合)을 한다. 성인들간의 사랑과 이별은 쉬운 이야기가 될 수 있지만, 아이가 받을 상처가 걱정이 된다며 걱정스레 전화를 끊었다.

●후에 이 결혼이 파경으로 나올 것이다. 그것이 문제가 아니라 아이가 다칠 상처가 과전에 보이는 것이 필자를 가슴 아프게 한다.

가택정단 1

己丑年 丙子月 庚戌日 巳時 丑將

乾命-丁巳　行年-戌
坤命-戊午　行年-丑

壬	戊	甲
子(蛇)	申(靑)	辰(玄)
辰	子	申

甲	壬	丙	0
辰(玄)	子(蛇)	午(白)	寅(后)
庚	辰	戌	午

丑(貴)	寅(后)	卯(陰)	辰(玄)
子(蛇)			巳(常)
亥(朱)			午(白)
戌(合)	酉(勾)	申(靑)	未(空)

【중심·윤하】

● 지난번 점자(占者)의 소개로 친구라고 하며 방문하였다.

● 이사를 하려고 하는데 이사를 해도 되겠냐며, 지금 자신의 상황이 어떤한가를 물었다. 뒷말이 썩 내키지 않아 정단을 하지 않으려고 했지만 3일 전부터 기다린 손님이라 점단(占斷)을 안 할 수 있는 상황노 아니었다.

● 이사를 먼저 물었기에 지상(支上)을 먼저 살피었다. 지상신(支上神)에 午(白)는 월(月)에 상차(喪車)이다. 일단 집에 아픈 사람이 있는데 일간(日干)에 귀살(鬼殺)이 되고 삼전에 역마(驛馬)가 보이니 필시 죽어 나갈 사람이 있다라고 판단하였다. 일지(日支) 戌은 월(月) 내에 생기이다. 생기에서 봤을 때 午는 태신(胎神)이다. 이는 처(妻)가 임신한 상(象)이다.

● 한편으로 午(白) 상차(喪車)가 일간상신(日干上神)에 辰(玄)을 생한다. 辰(玄)은 월(月)에 사기(死氣)이다. 辰은 일간(日干)에 부모효(父

母爻)이다. 뜻을 취해 보면, 필시 어머니가 많이 아픈 상(象)이며, 백호(白虎)에 午가 보이고 지반(地盤) 戌로 입묘하는 상(象)이며, 子를 충극하고 申을 제극한다. 한편으로 사기(死氣)를 생하고 있다. 또한 부모효(父母爻) 辰(玄) 음신(陰神)에 子가 보이고 둔간이 壬이고 음신(陰神)이다. 일간(日干)에 음신(陰神)은 외(外)이다. 뜻을 종합해 취해 보면, 어머니가 아픈 상(象)이며, 아픈 곳은 머리이며, 귀[耳]가 잘 들리지 않을 것이다. 子는 소변 계통을 뜻하며 등사(螣蛇)가 보이니 소변을 스스로 보지 못하는 상(象)이다. 삼전 역시 일간에 자식효(子息爻)이니 모든 기운이 쇠한 상(象)이다. 간상(干上)에 천장(天將)이 구진(勾陳)이고 음신에 子는 병부(病符)이니 어머님 때문에 고민이 많은 상(象)이다.

- 점자가 말하기를, 어머님이 뇌종양으로 요양원에 계시며 돌아가실 날짜를 기다리고 있다고 하였다. 자식으로서 이런 것을 물어보는 게 안 되는 것을 알지만 어머님이 언제쯤 돌아가실 것 같냐고 물었다.

- 午가 입묘하는 상(象)이고 음신(陰神)에 寅이 공망(空亡)이 보이고 부모(父母)가 戌을 충하여 아마도 경인년(庚寅年) 寅月에 가실 것이라고 하였다. 모두 후에 응했다.

- 지상(支上)에 백호(白虎)가 보이고 음신(陰神)에 천마(天馬)가 보이며, 간상(干上)에 동신(動神) 辰이 보여 이사를 하려고 하는 고민의 상(象)이 보인다.

- 초전(初傳)에 子(蛇)가 보이니 등사(螣蛇)는 일에 차질이 있을 징조이다. 또한 윤하격(潤下格)에 역합이다. 이는 지체를 의미한다. 또한 문서정단에서 윤하(潤下)는 불리한 상(象)이다. 주작(朱雀)을 수극화

하기 때문이다. 새로 이사갈 집은 戌이다. 戌은 생기이다. 또한 음신(陰神)에 내년 태세(太歲)인 寅이 보인다. 이는 새로 이사갈 집이 새로 분양을 받아서 가는 집의 형태이다. 새로 이사갈 집에 午(白虎)가 음신(陰神)에 처재효(妻財爻)로 전하니 이사갈 집에서 처(妻)가 많이 아픈 상(象)이다. 하지만 그렇다고 이사를 하지 않으면 안 되는 상황이 보인다.

● 천마(天馬)가 둔간이 공망(空亡)이니 이는 새로 이사갈 집 주변에 교통 여건이 좋지 않음을 나타낸다.

● 새로 이사갈 집은 경인년(庚寅年) 9月에 이사를 하는 상(象)이고, 지금의 집을 매매(賣買)하려면 많이 손해를 봐야 하는 상(象)이다. 이는 구택을 뜻하는 간상(干上)에 현무(玄武)가 보이고 그것이 말전(末傳)에 보이기 때문이다.

● 종합해 말하기를, 지금의 집에 사는 것이 좋을 거라고 말해 주었다. 새로 이사갈 집은 흉신(凶神)이 많이 보였기 때문이다. 구택을 뜻하는 간상(干上) 둔간에 암재가 보인다. 이는 이 집이 많이 오를 거라는 징조이다. 음신(陰神)에 등사(螣蛇)는 재개발을 의미한다. 그러니 지금의 집에 사는 것이 점자를 위해서 옳은 방법이라고 보여진다.

● 점자가 아이에 대해 물었다. 일지(日支)에 태신(胎神)인 午가 비록 생기인 戌에 보이나 생기이면서 墓이기에 墓는 墓작용을 틀림없이 한다. 또한 午는 귀태(鬼胎)이다. 이는 흉조를 뜻한다. 그리하여 나중에 아이 출산 후에 보자고 하고 상담을 끝냈다.

가택정단 및 매매 2

戊子年 癸亥月 己巳日 未時 寅將

坤命-庚子　行年-申

己丑年(기축년)과 庚寅年(경인년)에

癸	戊	0
酉(合)	辰(常)	亥(蛇)
寅	酉	辰

丙	癸	甲	辛
寅(陰)	酉(合)	子(貴)	未(靑)
己	寅	巳	子

子(貴)	丑(后)	寅(陰)	卯(玄)
亥(蛇)			辰(常)
戌(朱)			巳(白)
酉(合)	申(勾)	未(靑)	午(空)

【섭해·무록·복앙】

●지인의 소개로 부천에서 장사를 하고 있는 분이 방문하였다.

●지상(支上)에 천마(天馬)가 보인다. 초전(初傳)발용에 매매(賣買)의 신(神)인 육합(六合)이 보이고 생기이다. 말전(末傳)에 역마(驛馬)가 보이고 공망(空亡)이니, 이는 사업 징소를 옮기려는 상(象)이다.

●장사를 하는 분인데 초전(初傳)에 생기인 酉가 폐구(閉口)이고 절지에 좌했으니 장사가 시원치 않아 사업 장소를 옮기려고 하는 상(象)이다.

●점자(占者)는 장사가 잘 되지 않아서 가게를 매매(賣買)하려고 하는데 가게를 보러 오는 사람이 없다고 하며, 언제쯤 매매가 되겠냐고 물었다.

●움직임을 논할 때는 삼마(三馬)를 논해야 한다. 지상(支上)에 천마(天馬)가 보인다. 이는 움직임의 상(象)이다. 중전(中傳)에 또 하나의 동신(動神)인 辰과 합하고 있다. 하지만 辰이 일간(日干)에 墓이기에 움

직임을 논하기는 불리하고 辰을 동신(動神)으로 보기 힘들다. 그것은 말전(末傳) 역마지가 공망(空亡)이며 지반(地盤) 역시 공망(空亡)이기 때문이다.

● 가게가 매매(賣買)되는 시기는 己丑年 戌月將 기간이다. 초전(初傳)에 지반(地盤)이 당 월(月)에 월장(月將)이기는 하나 매매(賣買)의 神인 酉에 둔간이 폐구(閉口)이기 때문에 매매(賣買)를 논하기는 불리하다.

● 말전(末傳)에 亥는 역마(驛馬)이며 일간(日干)에 재효(財爻)이다. 墓에 좌했으니 墓는 충(沖)으로 움직임을 가질 수 있다. 다가오는 己丑年 丁卯月 戌月將이 되면 墓를 충(沖)하면 亥인 역마(驛馬)가 움직일 수 있다.

● 정단을 하는 중에 이상한 점이 보였다. 초전에 酉는 생기이지만 당 월(月)에 파쇄(破碎)이다. 파쇄(破碎)가 중전(中傳) 辰인 태상(太常)으로 전해지고 다시 말전(末傳) 亥는 병부(病符)이고 공망(空亡)이다. 이는 상복을 입을 일이 있다는 상(象)이다. 辰은 형제효(兄弟爻)이고 음신(陰神)에 亥는 점자보다 높은 사람을 뜻한다.

● 점자에게 묻기를, 요즘 언니와 연락을 하시냐고 물었다. 점자는 어제 연락을 하였다고 했다. 언니가 무슨 띠냐고 물으니 辰生이라고 했다. 이는 언니의 흉(凶)을 암시한다.

● 언니가 안 좋아 보이니 언니에게 건강을 유념시키라고 했다. 辰은 수고(水庫)이니 필시 물이 막히는 상(象)이다. 음신(陰神)에 亥는 밤중을 뜻하고 수면을 뜻하니 필시 잠을 자는 중에 변을 당할 것이다.

● 필자가 말은 했지만, 점자는 대수롭지 않은 일이라는 듯 자리에서

己丑年(기축년)과 庚寅年(경인년)에

일어섰다.

●후에 일주일이 지난 **乙亥日**날 점자에게 전화가 왔다. 언니가 밤중에 심장마비로 숨을 거두었다는 소식이었다. 육임(六壬)의 신묘함이야 익히 알고 있었지만 또 한번 육임(六壬)이라는 학문에 놀랐던 점단(占斷)이었다.

가택정단 및 매매 3

己丑年 丁卯月 庚子日 卯時 戌將

坤命-庚子　行年-未

己丑年(기축년)과 庚寅年(경인년)에

戊	0	庚
戌(合)	巳(常)	子(蛇)
卯	戌	巳

癸	戊	乙	壬
卯(陰)	戌(合)	未(空)	寅(后)
庚	卯	子	未

子(蛇)	丑(貴)	寅(后)	卯(陰)
亥(朱)			辰(玄)
戌(合)			巳(常)
酉(勾)	申(青)	未(空)	午(白)

【지일】

- 친언니가 사망 후에 몇 개월이 지난 시점에 가게가 매매(賣買)되었다고 필자를 다시 방문하였다. 다른 가게를 시작하려고 하는데, 음식을 잘한다는 주방장을 스카웃하려고 하는데 괜찮겠느냐고 점자(占者)가 물었다.

- 종업원의 신(神)인 戌이 초전(初傳)에 보인다. 지반(地盤)이 卯로 일간(日干)에 재효(財爻)이고 火로 화하고, 卯 둔간(遁干)이 폐구(閉口)이다. 뜻을 취해 보면, 그 종업원은 금전적인 문제로 고민하고 있는 상(象)이다. 과체 역시 지일이니 일맥상통(一脈相通)함이 보인다.

- 주방장을 채용하는 것이니 중전(中傳)에 巳를 취해 보면 된다. 천장(天將)이 태상(太常)이니 주방장을 의미한다. 둔간이 공망(空亡)이고 지반(地盤)이 주방장을 뜻하는 巳에 墓이니 이는 주방장으로 좋은 상(象)은 아니다. 여기서 둔간(遁干)에 공망(空亡)은 주방장으로서 채용을 하지 못하는 상(象)이다. 戌은 발이요, 卯는 손이니 손과 발

이 묶여 움직일 수 없는 것이다.

●말전(末傳)에 子는 당 월(月)에 비혼(飛魂)이다. 지반(地盤)이 巳 낙공(落空)이고 천장(天將)이 태상(太常)이니 종합해 뜻을 취해 보면, 필시 이 주방장은 술을 좋아해서 사업장에 피해를 주는 상(象)이다. 주방장을 뜻하는 巳가 둔간(遁干)이 공망(空亡)이고 장생이 공망(空亡)이니 채용을 한다면 사업장소에 득을 주기는 힘든 상(象)이다. 후에 들은 사실이지만, 이 주방장이 술을 너무 좋아해서 사업장에 피해를 준다는 말을 들었다고 한다.

●점자가 요즘 잠을 도통 잘 수가 없다고 어찌된 영문인지 모르겠다고 했다. 죽은 언니가 꿈에 자주 나타나서 먼 발치에서 바라보고 있는 모습이 꿈에 보여 요즘 수면제를 복용하지 않으면 잠을 이룰 수 없다는 말을 했다.

●일지(日支)에 점자의 命이 보이고 말전(末傳)에 命이 보인다. 말전(末傳)에 子는 巳 장생 지반(地盤)에 있다. 천장(天將)에 태상(太常)이 보이고 낙공(落空)함이 보인다. 일지(日支)에 子는 천반(天盤)에 未의 제극을 받고 있다. 未는 당 월(月)에 사기(死氣)이다. 뜻을 종합해 취해 보면, 점자는 밥을 제대로 먹지 못할 것이며 사기(死氣)에 제극을 받으니 필시 언니가 꿈에 자주 나타난다는 점자의 말과 일맥상통(一脈相通)함이 보인다.

●시중에 나와 있는 육임(六壬) 방편 중에는 일간(日干)에 귀살(鬼殺)을 제극하거나 설기시키는 방법을 논하지만, 이것은 잘못된 이론이다. 여기서 未의 작용력을 없애주는 것이 가장 타당한 방법이다.

●며칠 지난 시점에 방편을 해서 점자에게 전해 주었다. 점자는 며칠

동안 몸이 너무 아파서 더욱 잠을 이루지 못해 필자를 원망했다고
한다. 그러나 7일이 지난 丙午日날부터 몸이 날아갈 것처럼 가벼워
졌다고 필자에게 고마움에 인사를 전했다. 이처럼 육임(六壬) 방편
은 놀라운 기운력이 있다. 그러나 시중에서 말하는 일간(日干)에 귀
살(鬼殺)만 논한다면 고양이는 잡을 수 있을지언정 호랑이는 잡을
수 없다.

가택정단 및 매매 4

庚寅年 庚辰月 戊申日 酉時 酉將

乾命-癸丑　行年-卯
坤命-甲寅　行年-申

己丑年(기축년)과 庚寅年(경인년)에

乙	己	癸
酉(朱)	丑(陰)	巳(空)
巳	酉	丑

乙	己	庚	0
酉(朱)	丑(陰)	寅(玄)	午(靑)
丙	酉	戌	寅

酉(朱)	戌(蛇)	亥(貴)	子(后)
申(合)			丑(陰)
未(勾)			寅(玄)
午(靑)	巳(空)	辰(白)	卯(常)

【중심·종혁】

- ●午時에 점자(占者)가 방문하였다.

- ●초전(初傳)발용에 酉(朱)가 보이고 삼전이 종혁격(從革格)이 되었으며, 명(命) 상신에 辰(白)이 보이니 집 매매(賣買) 문제로 방문한 것임을 알 수 있었다. 종혁격(從革格)에는 순합이 있고 역합이 있다. 말 그대로 순합은 옛것을 순합하여 개혁하는 상(象)이고 위 과전처럼 역합이 보이면 이는 숙살, 즉 과거 문제로 인해 이를 해결하는 상(象)이다.

- ●필자가 말하기를, 집 매매(賣買) 문제로 방문하신 것으로 보이며, 종혁(從革)이 역합이 되었고 일지상신(日支上神)에 寅에 현무(玄武)가 보이고 음신(陰神)에 午와 합을 하여 삼전의 財를 뺏는 상(象)이다. 그리하여 말하기를, 필시 매매가 되어 재(財)를 득해도 내 것이 안 되고 다른 곳으로 전해지는 것이 보인다고 했다.

- ●점자가 말하기를, 남편이 사업을 하다가 빚을 많이 져서 집이 매매

되면 그 돈으로 빚을 갚아야 한다고 했다.

●점자가 말하기를, 남편이 친구 꼬임에 빠져 나이트 클럽을 운영했는데 나중에 장사가 안 되자 그 친구는 종적을 감추었다고 한다. 필자가 말하기를, 아마도 그 시점이 55세 되던 해에 그랬을 것이라고 했다. 55세 행년(行年)은 申에 있다. 상신(上神)에 子는 밤중을 뜻하며 음한 것을 뜻한다. 중전(中傳)에 丑 파쇄(破碎)와 합(合)을 하니 55세에 나이트 클럽을 운영했다는 것이 보인다. 56세에 만나는 丑 파쇄(破碎) 역시 손실을 의미한다.

●필자가 말하기를, 작년에도 남편이 사업을 해서 손실이 난 것이 보인다고 했다. 남편의 己丑年 행년(行年)은 戌에 있다. 상신(上神)에 장생이 보이고 천장(天將)에 도탈의 신(神)인 현무(玄武)가 보이니 손실이 난 상(象)이다. 寅 장생이 음신(陰神) 午와 양인(羊刃)으로 전하니 그때 역시도 친구의 꾀임으로 시작된 사업이라고 했다. 말전(末傳) 巳는 당 월(月)에 파쇄(破碎)이다. 巳 형제효(兄弟爻)에 천공(天空)이 보이고 지반(地盤) 丑은 戌日에 파쇄(破碎)이다. 이는 남편에게 친구들은 전혀 도움이 되지 않는 상(象)이다. 말전(末傳)에 형제효(兄弟爻)가 중전(中傳)으로 전하고 초전(初傳) 酉로 전하여 종혁(從革)에 財를 만들고 있다. 酉(朱雀)는 새가 지저귄다고 해서 야조(夜噪)라 한다. 巳 형제효(兄弟爻)에서 전해진 酉 야조(夜噪)는 천공(天空)으로부터 전해 들은 말이다. 뜻을 종합해 취해 보면, 이는 남편 친구들이 큰 돈이 될 것이니 사업을 하자고 와서 말하면 남편이 그 꾀임에 빠지는 것이다. 말전(末傳)에 巳는 일 진행함에 있어 결과물이다. 말전(末傳)에 巳는 남편의 명(命)이고 일간(日干)에 녹(祿)이다. 둔간이

폐구(閉口)이고 파쇄(破碎)에 丑이 좌했으니 항상 마지막에는 남편이 손해를 보는 것이다.

● 점자가 말없이 필자의 말을 듣고 울다가 요즘은 남편이 무슨 일을 하고 다니는지 모르겠다며, 어떤 일을 하고 있는지 알 수 있냐며 물었다.

● 말전(末傳)에 巳는 남편의 명(命)이다. 둔간이 폐구(閉口)이고 천장(天將)이 천공(天空)이니 부인이 물어도 옳게 대답하는 상(象)이 아니며, 일지상신(日支上神)과 刑하니 집에 자주 들어오지 않는 상(象)이 보인다.

● 초전(初傳)에 주작(朱雀)은 문서의 신(神)이다. 음신(陰神)에 丑은 부동산·상가를 뜻하니, 필시 남편이 부동산과 연관된 일을 하고 있을 것이라고 했다. 물론 삼전 체생(遞生)이니 혼자 하는 것은 아니라고 했다.

● 섬자의 말이 안 그래도 요즘 부동산 경매와 관련된 책자를 많이 발견했다고 한다.

● 남편이 하고 있는 일이 잘될 것이냐고 물었다.

● 필자가 말하기를, 부동산 일을 하고 있다면 재(財)를 득하기는 힘들 것이라고 했다. 이는 丑이 부동산을 뜻하는데, 丑은 병부(病符)이며 파쇄(破碎)이기 때문에 결과론적으로 봤을 때는 재(財)를 득하기는 힘들다고 했다. 물론 8월에 가면 재(財)를 득하기는 하나 일지(日支)에서 삼합하여 초전(初傳) 酉에 재(財)를 뺏으니 돈을 번다 한들 또 다른 일을 벌려 재(財)를 잃어버리는 상(象)이다. 남편에게 가장 좋은 방법은 남의 이야기를 듣지 않는 것이다.

●점자가 자식(子息)에 대해 물었다. 중전(中傳)에 자식효(子息爻) 丑이 보인다. 자식의 남자친구에 대해 물었다. 일지상(日支上)에 寅은 丑 자식효(子息爻)에 남자친구이다. 천장(天將)에 현무(玄武)가 보이고 지반(地盤)이 일간(日干)의 墓에 있으니 필시 남자친구는 직업이 없으며 공부도 많이 하지 못한 사람이다. 그리하여 아마도 서로 양쪽 집안끼리 사이가 좋지 않을 것이라고 했다.

●점자가 말하기를, 안 그래도 서로 집안끼리 사이가 좋지 않아 헤어졌으면 한다고 했다. 언제쯤 헤어지겠냐고 물었다. 壬戌生 坤命에 행년(行年)은 辰에 있다. 상신(上神)에 申이 남자친구를 뜻하는 寅을 제극하니 아마도 올 3월이나 7월에 가서 헤어질 것이라고 했다.

●마지막으로 점자에 대해 물었다. 庚子生 坤命에 행년(行年)은 午에 있다. 상신(上神)에 戌은 일간(日干)에 墓이니 올 한해 많이 힘들 것이라는 게 보인다. 행년(行年)에 戌과 중전(中傳)에 丑이 刑하니 필시 허리가 안 좋은 것이 보인다.

●점자가 말하기를, 안 그래도 요즘 허리가 좋지 않아서 치료를 받고 있다고 하면서 거동을 못하는 건 아닌지 걱정이 된다고 했다. 필자가 말하기를, 그런 걱정은 안 하셔도 된다고 했다. 이는 命 상신(上神)에 辰(白虎)가 보여 墓를 충하니 걱정은 하지 않아도 되는 상(象)이다.

●마지막으로 집이 언제쯤 매매(賣買)가 되겠냐고 물었다. 초전(初傳) 발용이 다가올 酉月將이다. 그러나 酉月將 기간에 매매가 되면 중전(中傳) 丑 파쇄(破碎)와 합(合)하니 많은 손해를 감수해야 한다. 중전(中傳) 丑을 沖하는 未月이나 墓하는 申月에 가서 매매하는 것이

己丑年(기축년)과 庚寅年(경인년)에

좋아 보인다고 했다.

● 일지상(日支上)에 寅은 부모효(父母爻)이고 지반(地盤)과 상극하여 남편의 본명(命) 巳를 형극하고 길신(吉神)을 형극하는 산소탈이다. 삼전이 金局이고 부모효(父母爻)를 제극하니 어떠한 이유에서인가를 알았지만, 사람의 마음가짐이 중요한 것이지 산소탈을 잡아준다 한들 삼전에 보이는 남편의 金이 쉽사리 버릴 수 있는 것인가 하는 의문이 들었다.

가택정단 및 매매 5

庚寅年 庚辰月 甲午日 申時 戌將

乾命-庚申　行年-申

己丑年(기축년)과 庚寅年(경인년)에

0	甲	丙
辰(合)	午(靑)	申(白)
寅	辰	午

0	甲	丙	戊
辰(合)	午(靑)	申(白)	戌(玄)
甲	辰	午	申

未(空)	申(白)	酉(常)	戌(玄)
午(靑)			亥(陰)
巳(勾)			子(后)
辰(合)	卯(朱)	寅(蛇)	丑(貴)

【섭해·간전·참관·등삼천·교동】

- 申時에 방문했던 점자(占者)이다. 용시(用時)가 역마(驛馬)이며 초전 (初傳)발용 역시 동신(動神)에 참관(斬關)이며, 천장(天將)이 육합(六合)이다.

- 말전(末傳)에 申은 귀살(鬼殺)이며, 사기(死氣)이며, 일간(日干)에 절신(絕神)이다. 한편으로 午 청룡(靑龍)에 제극을 받고 있다.

- 필자(筆者)가 말하기를, 매매(賣買) 문제이신데 집이 아니고 사무실일 것이다. 좋은 상황에서 움직이는 것이 아니라 모든 것을 털고 나와야 하는 입장이시니 상황이 어려워 보이신다고 했다. 이는 점자의 命이 午 청룡(靑龍)으로부터 제극을 받고 있으며, 命 자체가 일간(日干)에 절신(絕神)이니 이는 남자로서는 명예가 실추된 상(象)이다.

- 점자가 말하기를, 안 그래도 매매(賣買) 문제로 왔다며 오늘 매매를 하자는 사람이 왔는데 매매가 이루어질 것이냐고 물었다.

- 초전(初傳)에 辰은 일간(日干)에 재효(財爻)이다. 辰 재(財)가 협극을

당한다. 이는 위례(違禮)라는 뜻이 있다. 이는 점자의 금전적인 부분이 힘든 것을 취할 수 있으며, 이 과전에서 일간(日干)은 새로 들어오려는 사람이다. 초전(初傳)발용이 일간(日干)에서 올랐으니 이는 상대방 측에서 돈을 깎으려는 마음인데 그것이 예의에 어긋난다라는 것을 취할 수 있다.

● 필자가 말하기를, 틀림없이 상대방에서 가격을 깎으려 들 텐데 그것을 수용하면 매매(賣買)는 이루어질 것이다.

● 비록 초전(初傳)이 공망(空亡)이나 당 월건(月建)이니 필시 辰月에 매매(賣買)가 될 것이다. 중전(中傳)에 午는 순수(旬首)이다. 이는 甲午旬에 매매가 이루어지는 상(象)이다.

● 말전(末傳)에 申은 역마(驛馬)며, 백호(白虎)가 승했다. 한편으로 午의 지반(地盤)으로부터 제극을 받는다. 그러니 속도가 빠른 것이다.

● 필자가 말하기를, 丙申日날 매매(賣買)계약을 할 것이며, 계약을 하면서 천만 원 정도의 가격을 깎자고 할 터이니 이에 응하게 되면 매매(賣買)는 속히 이루어질 것이라고 일렀다.

● 점자에게 천만 원은 큰 돈이지만 午 청룡(靑龍)으로부터 제극받는 상황이 보이니, 점자는 하루 속히 매매(賣買)를 하는 것이 좋을 듯 보였다. 격(格) 역시 교동이니 점자의 마음이 앞서는 것이 보인다. 하지만 그 재(財)가 점자에게 큰 것은 되지 못함이 보인다. 5月이 되면 다시 돈 문제로 인한 고통이 보이기 때문이다.

● 필자가 말하기를, 계약이 되면 사무실을 일찍 비워주어야 할 것이며, 돌아오는 壬子日에 점자가 움직이는 것이 보인다. 이는 간상(干上)에서 올라 참관(斬關)이며 교동이니 들어오는 자가 마음이 바쁜

것이다.

●후에 점자에게 **丙申日**에 계약을 했는데, 필자의 말대로 천만 원을 깎아달라고 해서 부동산업자가 나서서 900만 원만 깎는 선에서 매매(賣買)를 했다고 한다. 그러면서 상대방에서 들어오는 날짜를 빨리 잡아달라고 해서, 그렇다면 2주가 지난 월요일에 하자고 해서 그렇게 한다고 하고 집에 와서 달력을 보니 달력에 **壬子日**이라는 글씨가 써 있어 신기했다면서 필자에게 고마운 인사를 했다. 인사는 받았지만 앞으로 점자의 상황이 좋지 않음이 보이니 마음이 썩 좋지는 않았다.

己丑年(기축년)과 庚寅年(경인년)에
육임(六壬)으로 만난 사람들

2장

己丑年(기축년)과 庚寅年(경인년)에
육임(六壬)으로 만난 사람들

구재정단 1

庚寅年 庚辰月 己酉日 寅時 酉將

乾命－壬寅　行年－寅

辛	丙	癸
亥(蛇)	午(空)	丑(后)
辰	亥	午

0	己	甲	辛
寅(陰)	酉(合)	辰(常)	亥(蛇)
己	寅	酉	辰

子(貴)	丑(后)	寅(陰)	卯(玄)
亥(蛇)			辰(常)
戌(朱)			巳(白)
酉(合)	申(勾)	未(靑)	午(空)

【중심·맥월·참관】

- 지인과 함께 행주산성에 있는 곳에 가서 점심식사를 하였다. 얼마 지나지 않아 지인의 친구 분이라면 소개를 해주셨다. 부동산업을 아주 크게 하는데 필자(筆者)를 한번 만나기를 원하셨다며, 이 자리를 마련하신 거라고 했다.

- 지인 분께서 친구 분의 정단을 의뢰하셨지만 필자가 정단을 하게 되면 길흉(吉凶)을 논하게 되니 나중에 시간이 되실 때 혼자 방문하셨으면 한다고 했다. 이에 지인 분의 친구 분께서 괜찮다며, 세상에 상대에 대해서 다 맞추는 사람이 어디 있냐며 그냥 친구가 있어도 괜찮으니 정단을 해주시기를 원했다. 필자는 속으로 기분이 상했지만, 지인 분의 친구 분께서 역학인에 대해 불신을 하고 있는 것 같아 마음으로 작정을 하고 과전을 펼쳤다.

- 필자가 말하기를, 점자(占者)는 부동산업을 하고 있지만 46세에서부터 금전적인 어려움이 크셨을 것이다. 지금 역시 금전적 상황이 좋지

己丑年(기축년)과 庚寅年(경인년)에

못하다. 또한 부동산업을 하고 계신다고 했지만 지금은 부동산업을 하고 있지 않다. 그것은 46세에 빌려준 돈을 아직 받지 못하고 있을 것이다. 돈을 빌려줄 때 원금 이상의 이자를 준다고 했지만 그 돈은 처음부터 받지 못할 돈이었다.

- 46세의 행년은 亥에 있다. 상신에 午는 祿이며 亥 절지에 임했다. 한편으로 초전(初傳)에 亥는 일간(日干)에 재효(財爻)이다. 지반(地盤)에 辰은 일간에 墓이다. 천장(天將)에 등사(螣蛇)가 보이니 이는 금전적인 어려움이 큰 것이다. 亥는 46세의 행년(行年)이기 때문이다.

- 말전(末傳)에 丑은 일간(日干)에 형제효(兄弟爻)이다. 이는 병부(病符)이고 지반(地盤)에 午 祿 천공(天空)이 보인다. 중전(中傳)에 祿 천공(天空)이 말전(末傳)에 丑으로 전하였으니 이는 받지 못한 돈이다. 한편으로 둔간(遁干)의 癸는 암재이지만 둔간(遁干)이 폐구(閉口)이니 받기 힘든 돈이다. 둔간(遁干)에 폐구(閉口)가 일에 재효(財爻)가 되면 이는 원금 외에 받는 이자 돈을 뜻한다. 병부(病符)에 천후(天后)가 보이고 둔간(遁干)이 폐구(閉口)이니 이는 하염없이 해결되지 않는 돈을 뜻한다.

- 점자는 필자의 말에 얼굴이 붉어지기 시작했다. 이에 점자는 필자의 지인 분께 자리를 피해 있기를 바랐다. 점자는 그럼 그 돈을 받기 힘들 것 같냐고 물었다. 50세 행년(行年)은 卯에 있다. 상신에 戌에 朱雀이 말전(末傳)에 형제효(兄弟爻)를 刑하고, 중전(中傳)에 午 祿이 戌로 입묘하는 상이다. 이는 받기 힘든 것으로 보인다고 했다. 그 사람과의 연락이 잘 되지 않는 것으로 보인다고 하니, 안 그래도 요즘 전화통화하기가 힘들다고 했다. 전화를 하면 외국에 있다고 하고 통

화를 급히 끊고는 묵묵부답이라고 했다.

● 초전(初傳)에 역마(驛馬)인 亥가 보이고 참관(斬關)이니 아마도 연락
이 닿기가 힘들 것으로 보이며, 동남아시아에 가 있는 것으로 보인
다고 했다. 이에 점자는 안 그래도 위치를 파악하니 필리핀에 가 있
는 것으로 파악되었다고 한다. 점자는 필자에게 고소를 하는 방법은
어떠하냐고 물었다.

● 필자가 말하기를, 亥는 관송을 뜻한다. 중전(中傳)에 午는 관송에 필
요한 서류를 뜻한다. 서류를 뜻하는 午에 지반(支盤)이 절지이니 이
또한 쉽지 않은 상(象)을 알 수 있다.

己丑年(기축년)과 庚寅年(경인년)에

구재정단2

己丑年 乙亥月 甲申日 子時 寅將

乾命-丙申　行年-未

壬	0	甲
辰(合)	午(靑)	申(白)
寅	辰	午

壬	0	丙	戊
辰(合)	午(靑)	戌(玄)	子(后)
甲	辰	申	戌

未(空)	申(白)	酉(常)	戌(玄)
午(靑)			亥(陰)
巳(勾)			子(后)
辰(合)	卯(朱)	寅(蛇)	丑(貴)

【섭해·참관·간전·등삼천】

- 필자(筆者)가 아는 지인에 대한 정단이다. 지인께서는 주변에 아는 아랫사람이 있는데 돈을 자꾸 빌려달라고 하는데, 빌려주게 되면 받을 수 있을지 궁금하다며 필자에게 정단을 의뢰했다.

- 간상(干上)에 辰에 육합(六合)은 위례(違禮)이다. 이는 지인 분께서 빌려주고 싶어도 금전을 마음대로 쓸 수 없는 상(象)이다. 음신(陰神) 점자(占者)의 命에 공망(空亡)이 보이고 천장(天將)에 청룡(靑龍)이 보이니 부합되는 상(象)이다.

- 초전(初傳)발용에 육합(六合)이 보이고 말전(末傳)에 순수(盾首)가 보이니, 이는 돈을 빌려달라고 하는 이유가 새로운 일을 하려고 하는 것이 보인다.

- 점자의 말이 돈을 빌려달라고 하는 자는 건설업을 하였는데, 요즘 도통 금전이 돌지 않아 자금융통이 힘들다며 돈을 빌려달라며 부탁을 했다고 한다.

 己丑年(기축년)과 庚寅年(경인년)에

●이에 필자는 빌려달라고 하는 액수가 커보인다고 하며, 돈을 빌려주려면 사모님과 상의를 해야 하는데 사모님이 허락을 하지 않는 것으로 보인다고 했다.

●점자는 안 그래도 아내한테 이야기를 해보니 절대 안 된다며 극구 만류했다고 한다.

●초전(初傳)에 辰에 財는 위례(違禮)로 돈을 빌려주어 돌려받기 힘든 상(象)이다. 중전(中傳)에 午에 공망(空亡)으로 절요이니 이 역시 돈을 빌려주러 가는 길이 끊어진 상(象)이니 이 역시 불리한 상(象)이다. 말전(末傳)에 申은 점자의 命이다. 午 청룡(靑龍)으로부터 제극을 당한다. 이는 나중에 돈을 받기 힘들 뿐 아니라, 사람도 잃게 되는 상(象)이니 빌려주지 않았으면 한다고 했다. 초전(初傳)에 辰 위례(違禮)는 상대방이 점자에게 돈을 빌려주지 않았다고 예의 없이 대할 것임을 알 수 있다. 이에 필자는 그러한 상황이 되더라도 절대로 돈 거래는 하시 않는 것이 좋다고 밀씀드렸다.

●후에 상대가 점자에게 술을 먹고 전화해 험한 말을 했다며, 필자가 말한 대로 돈을 빌려주지 않기를 잘했다며 고맙다는 인사를 했다.

구재정단 3

己丑年(기축년)과 庚寅年(경인년)에

己	癸	乙
酉(空)	丑(陰)	巳(朱)
巳	酉	丑

乙	己	乙	己
巳(朱)	酉(空)	酉(空)	巳(朱)
癸	巳	丑	巳

酉(空)	戌(白)	亥(常)	子(玄)
申(靑)			丑(陰)
未(勾)			寅(后)
午(合)	巳(朱)	辰(蛇)	卯(貴)

【섭해·종혁】

- 戌時에 두 번째 점자(占者)로 활시법으로 제출하였다.

- 필자(筆者)의 누님 친구로부터 전화가 왔다. 돈을 받을 것이 있는데, 아직 돈이 안 들어와서 이 돈이 언제쯤 들어올지 걱정이라며 다급한 마음으로 전화를 했다며 성난을 의뢰했나.

- 초전(初傳)에 酉는 종업원의 신(神)이다. 천장(天將)에 종업원의 신(神)인 천공(天空)이 보이니 이 상(象)이 뚜렷하다.

- 삼전이 종혁격(從革格)이 되었다. 이는 새로운 변화를 뜻한다.

- 필자가 말하기를, 들어오지 않은 돈은 점자가 종업원으로 있던 곳에서의 월급이라고 했다. 한편으로 종혁격(從革格)이 되었으니 지금의 직장은 아니라는 걸 알 수 있다.

- 점자는 3개월 전에 그만두었던 직장이라고 말하였다.

- 말전(末傳)에 巳는 재효(財爻)이다. 체생으로 말전(末傳)에 酉로 전한다. 巳에 주작(朱雀)이 보이니, 예전 직장에서는 돈을 준다는 말을

했을 것이다. 그러나 중전(中傳)에 丑은 당 일(日)에 파쇄(破碎)이고,
둔간(遁干)이 폐구(閉口)이다. 중전(中傳)에서 파쇄(破碎)를 만나니
이는 돈을 준다는 말만 있지, 실직적으로 점자에게 돈이 들어오는
상(象)은 아니다.

●간상(干上)에 재효(財爻)가 보이나 파쇄(破碎)에 임했으니, 이 역시
재(財)를 득하기는 불리한 상(象)이다. 과 역시 섭해(涉害)이니, 이 역
시 불리한 상(象)이다.

●이 과전에서 求함은 종혁(從革)에 있다. 이는 예전처럼 기다려서는
받기 힘들다는 것을 취할 수 있다. 초전(初傳)발용이 월장(月將)이
니, 酉 월장(月將) 기간 안에 해결이 보여진다.

●필자가 말하기를, 다가오는 을묘일(乙卯日)날 노동청에 민원을 넣을
것이라고 전화를 하면, 아마도 그날 늦은 오후에 돈이 들어올 것이
라고 했다. 재효(財爻)에 임한 파쇄(破碎) 丑을 충해야만 求함을 논
할 수 있다. 卯日 상신(上神)에 未가 보이고, 천장(天將)에 구진(勾
陳)이 보였기 때문이다.

●후에 5월 5일 을묘일(乙卯日) 오후 3시에 전화를 해서 민원을 넣겠
다고 직접 사장에게 전화를 했다고 한다. 그날 오후 5시가 넘어서
통장을 확인해 보니 돈이 들어왔다면서, 사무실에 직접 오셔서 고맙
다는 인사를 하였다.

구재정단 4

庚寅年 辛巳月 甲戌日 午時 酉將

乾命-辛亥　行年-申

0	乙	戊
申(青)	亥(朱)	寅(后)
巳	申	亥

辛	0	丁	庚
巳(常)	申(青)	丑(貴)	辰(玄)
甲	巳	戊	丑

申(青)	酉(勾)	戌(合)	亥(朱)
未(空)			子(蛇)
午(白)			丑(貴)
巳(常)	辰(玄)	卯(陰)	寅(后)

【중심·원태】

- 필자(筆者)의 지인 분 중에 사업을 하시는 분이 계시는데, 필자에게 공사를 하였는데 아직 상대방이 돈을 지불 안 한다며 언제쯤 들어올 지를 물었다.
- 초전(初傳)에 申에 청룡(靑龍)이 보인다. 한편으로 申은 점자(占者) 의 행년(行年)이다.
- 중전(中傳)에 지반(地盤)이 낙공(落空)이나, 행년(行年)이니 공함(空) 을 메운다.
- 말전(末傳)에 寅인 초전(初傳)에 청룡(靑龍)을 제극하니, 이 제극하 는 것을 잡아주는 것이 응기를 뜻한다.
- 필자가 말하기를, 내일 즉, 乙亥日에 전화를 다시 한 번 해보라고 하 였다. 그럼 아마도 돈이 들어올 것이라고 했다.
- 후에 점자에게 전화가 왔다. 돈이 들어왔다며, 신기하며 고맙다는 인사를 하였다.

己丑年(기축년)과 庚寅年(경인년)에

구직정단1

庚寅年 庚辰月 己亥日 酉時 酉將

乾命-己未 行年-酉

己	乙	辛
亥(玄)	未(蛇)	丑(白)
亥	未	丑

乙	乙	己	己
未(蛇)	未(蛇)	亥(玄)	亥(玄)
己	未	亥	亥

巳(合)	午(朱)	未(蛇)	申(貴)
辰(勾)			酉(后)
卯(靑)			戌(陰)
寅(空)	丑(白)	子(常)	亥(玄)

【복음·자신·두전】

- 酉時에 점자(占者)가 방문하였다.

- 용시(用時)에 식상이 보이고 천장(天將)에 천후(天后)가 보이니 이는 직업에 관한 것임을 알았다.

- 필자(筆者)가 말하길, 직업 문제로 방문하신 것으로 보인다고 했다.

- 점자는 직장을 옮기려고 하는데, 옮겨도 가능한지를 물었다.

- 일지상(日支上)은 현재 다니고 있는 직장을 뜻한다. 亥는 日에 재효(財爻)이다. 초전(初傳)발용에 재효(財爻)가 보이고, 중전(中傳)에 未는 동료이다. 말전(末傳)에 丑은 당 월(月)에 천조(天詔)이며 병부(病符)이다. 종합해 취해 보면, 직장에서 동료들과 윗상사와의 관계가 좋지 못하며, 월급 역시 이직을 생각하는 이유 중 하나일 것이다.

- 점자는 지금의 회사에서 업무가 과중하고 특히나 직장동료들과 뜻이 맞지 않아 이직을 생각하고 있다고 했다.

- 복음(伏吟)에 삼마(三馬)가 보이지 않으면 움직일 수 없다. 또한 두전

(杜傳)은 '막혔다'는 의미로 초전(初傳)에서 중전(中傳)으로, 중전(中傳)에서 말전(末傳)으로의 움직임이 막혔으므로 움직임을 논하기는 불리하다.

●초전(初傳)발용에 亥 현무(玄武)는 복장(伏藏)이다. 이는 '숨기고 있는 뜻'이 있다는 뜻이 있다. 중전(中傳)에 未는 소모(小耗)이고, 말전(末傳)에 丑은 관신(關神)이며 병부(病符)로 구직 정단에서는 하염없이 소식을 기다린다라는 뜻을 취할 수 있다. 종합해 취해 보면, 이는 아마도 처음에는 계약직으로 가게 되는 것으로 볼 수 있다.

●나중에 점자에게서 전화가 왔다. 필자의 말대로 금전적인 부분도 지금의 직장과 다를 것이 없고, 계약직으로 근무하다가 정규직으로 전환해야 한다는 말을 듣고는 이직을 하지 않기로 결정했다고 한다.

●구직정단에서 복음에 자형(自刑)이나 삼형이 보이면 이는 정규직으로 논할 수 없는 것이다.

구직정단2

庚寅年 庚辰月 己酉日 午時 酉將

乾命-癸丑　行年-卯

0	丙	己
卯(玄)	午(空)	酉(合)
子	卯	午

丙	癸	壬	0
戌(朱)	丑(后)	子(貴)	卯(玄)
己	戌	酉	子

申(勾)	酉(合)	戌(朱)	亥(蛇)
未(靑)			子(貴)
午(空)			丑(后)
巳(白)	辰(常)	卯(玄)	寅(陰)

【요극·호시·참관·삼교】

● 오전에 전화 한 통이 걸려와 지인의 소개로 전화했다며, 오늘 뵐 수 있냐고 물었다. 이에 오늘은 시간이 안 되니 예약을 한 뒤에 오시라고 했다. 필자(筆者)는 오늘 책도 쓰며 쉴 작정으로 사무실에 나와 있었다. 막무가내로 급한 일이니 오늘 뵀으면 하길래 소개를 받았다고 하니 거절할 수 있는 상황이 아니었다.

● 午時에 점자(占者)가 방문하였다. 용시(用時)가 祿이지만 천장(天將)에 천공(天空)이 보이니 이직의 상(象)이다. 祿이나 장생이 공망(空亡)이나 백호(白虎)를 만나면 필시 이는 현재 하는 일에서 다른 것을 생각하고 있는 상(象)이다. 초전(初傳)발용에 卯가 관귀(官鬼)이니 직업 문제임이 보인다.

● 간상(干上)에 戌은 천마(天馬)이다. 음신(陰神)에 丑은 병부(病符)이며 당 월(月)에 천조(天詔)이다. 이는 구직정단에서 '소개하다, 추천을 받다, 보좌하다'라는 의미를 취할 수 있다. 丑은 병부(病符)이며

형제효(兄弟爻)이니 필시 이는 과거에 같이 일했던 직장상사의 권유로 움직임을 가지려고 하는 것이다.

- 일지(日支)는 지금의 직장이다. 음신(陰神)에 무례지형이 보이고, 삼전으로 발용되어 午에 祿에 천공(天空)이 보이니 이는 직장동료와의 문제도 있을 것이며, 보수 역시 일한 만큼 많치 않아 옮기려는 것이다. 한편으로 말전(末傳)에 酉에 육합(六合)이 보이면 이는 사찬(私竄)으로 사적인 문제로 그만두는 상(象)이다. 酉는 여종업원의 신(神)이다. 격(格)이 삼교(三校)이니 불미스러운 것임을 알 수 있다.

- 필자가 말하기를, 직장을 옮기려는 문제로 내방했는데 움직이려고 하는 곳은 예전에 같이 일했던 직장상사가 있는 곳이고 정작 지금의 직장을 그만두려고 하는 이유가 있는데 하나는 일하는 만큼 보수를 받지 못하는 것에 이유가 있고, 또 하나의 이유는 사적인 문제 때문인데 아마도 그것은 같이 일하는 여직원과의 문제일 것이다.

- 점자가 놀라워하며 하는 말에 필자 역시 놀라운 이야기를 들었다.

- 얼마 전 필자에게 자신의 아내가 부부 사이를 물어봤는데, 아내가 의심하는 사람이 신랑의 회사동료 중 한 여직원일 것이라는 말을 들었다는 것이다. 이에 점자는 누가 그런 소리를 하냐며 따졌지만 내심 속으로 놀라워했다고 한다. 그러한데 필자에게 직접 와서 들으니 더욱 더 놀랍다며 지금의 상황을 이야기했다.

- 점자가 말하기를, 회식 자리에서 과음을 한 상태에서 여직원과 실수로 잠자리를 했는데 여직원이 임신을 했다며 돈을 요구했다고 한다.

- 중전(中傳)에 午는 태신(胎神)이다. 천장(天將)에 천공(天空)이고 지반(支盤) 역시 낙공(落空)이니 이는 임신의 상(象)이 아니다. 격(格)

역시 호시에 삼교가 보이니 이는 여직원의 돈 욕심으로 인한 거짓말일 것이다.

● 필자가 말하기를, 아마도 여직원이 병원에 가서 확인을 하자고 하면 이런저런 이유를 대며 같이 동행하지 않을 것이라고 했다. 이에 점자는 선생님 말씀대로 같이 동행을 하자고 하니 같이는 안 간다고 했다고 한다.

● 필자가 말하기를, 지금의 직장에서는 움직이지 않는 것이 좋으며, 이직을 권유하는 직장상사 역시 자리가 위험한 상태이니 움직이지 않는 것이 좋겠다라고 일렀다. 또한 여직원과의 문제 역시 크게 걱정할 일은 없으나 금전적 손실은 있을 것으로 보이니 다시는 그 직원과 사적으로는 만남을 갖지 말라고 했다.

● 점자는 필자에게 아내가 자꾸 묶어두려 하니 답답해 죽을 지경이라며, 아내와 결혼생활을 유지할수 있는 방법이 있냐고 물었다. 삼교의 해결 방법은 밝은 태양이다. 이는 대화를 의미한다. 하시난 초중전(初中傳)이 공망(空亡)이며 말전(末傳)에 여직원을 뜻하는 酉가 보이니 결혼생활을 유지하기는 힘들 것이며, 지금의 직장 여직원과의 인연도 끊기 힘든 상(象)이 보인다.

구직정단3

己丑年 壬申月 己未日 卯時 巳將

乾命-辛酉　行年-午

己丑年(기축년)과 庚寅年(경인년)에

辛	辛	辛
酉(合)	酉(合)	酉(合)
未	未	未

辛	癸	辛	癸
酉(合)	亥(蛇)	酉(合)	亥(蛇)
己	酉	未	酉

未(青)	申(勾)	酉(合)	戌(朱)
午(空)			亥(蛇)
巳(白)			子(貴)
辰(常)	卯(玄)	寅(陰)	丑(后)

【팔전·독족】

- 午時에 두 번째 점자(占者)로 활시법으로 제출하였다.

- 간상(干上)에 酉는 파쇄(破碎)이다. 음신(陰神)에 亥는 일간(日干)에 재효(財爻)이다. 초전(初傳)발용에 지반(地盤)은 당 월(月)에 황은(皇恩)이다. 과는 필진(八傳)이고 독족이다.

- 29세의 乾命에 행년(行年)은 午에 있다. 천장(天將)은 구진(勾陳)으로 직장을 움직이려고 하는 상(象)이다. 한편으로 酉는 종업원의 신(神)이다.

- 필자(筆者)가 말하기를, 지금 직장 문제로 고심 중인 것으로 보인다. 그 이유 중 하나는 지금 다니고 있는 직장에서 직원들을 정리해고 시키는 것이 보인다. 또 하나의 이유는 지금 직장에서 일한 만큼의 보수가 적은 이유로 직장을 옮겨볼까 하는 것으로 보인다고 했다.

- 점자는 안 그래도 그 문제로 왔는데, 직장상사가 점자에게 정리해고 대상이 안 될 것이니 걱정하지 말라고 했지만 아무래도 걱정이 되어

서 왔다면서 앞으로 어떻게 될지를 물었다.

●간지(干支) 음신(陰神)에 재효(財爻)가 보이고, 천장(天將)에 등사(螣蛇)가 보인다. 이는 회사에 금전적 어려움을 뜻하며, 점자 역시 금전적 어려움으로 회사를 다른 곳으로 옮기기도 힘든 상(象)이다.

●이 과전에서 求함은 未에 황은(皇恩)이다. 이는 임금의 은총을 받는 상(象)이다. 하지만 천반(天盤)에 酉는 파쇄(破碎)이다. 즉, 이번 구조조정에 살아남는다고 해도 지금 받는 월급에서 더 삭감된 금액으로 직장을 다녀야 하는 것을 알 수 있다.

●점자는 직장상사가 점자에게 월급 삭감 역시 걱정하지 말라는 말을 했다며, 필자의 예측을 신뢰하지 않았다.

●필자는 점자에게 필시 정리해고는 당하지 않을 것이나, 스스로 직장에서 나오게 될 것이라고 했다. 하지만 지금 직장에서 다니는 것이 지금으로서는 최선의 방법이니, 적은 월급을 받더라도 그냥 다니는 것이 좋을 거라고 했다. 8월에 아마도 정리해고의 대상이 결정될 것이니 선택을 잘 하시라고 일렀다.

●후에 필자가 예측한 대로 정리해고 대상에 해당되지는 않았지만, 월급의 3분의 1을 삭감한다는 말을 듣고는 스스로 직장을 그만두었다고 한다. 직장을 나온 뒤 庚寅年, 3월에 점자가 다시 방문하였다. 그 뒤로 퇴직금으로 장사를 시작했는데 장사가 안 되어서 가게를 정리할 생각이라며, 그때 필자가 말한대로 그냥 직장을 다닐 것을 하는 후회감이 든다고 했다.

꿈 해몽 정단1

庚寅年 庚辰月 己亥日 巳時 戌將

坤命－甲寅 行年－申

0	戊	癸
巳(白)	戌(朱)	卯(玄)
子	巳	戌

庚	0	0	丁
子(貴)	巳(白)	辰(常)	酉(合)
己	子	亥	辰

戌(朱)	亥(蛇)	子(貴)	丑(后)
酉(合)			寅(陰)
申(勾)			卯(玄)
未(靑)	午(空)	巳(白)	辰(常)

【지일·주인·참관·여덕】

●점자(占者)에게 다급하게 전화가 왔다. 간밤에 흉몽(凶夢)을 꾸었다며, 이것이 무엇을 의미하는지 모르겠다면서 꿈 해몽 정단을 의뢰해 왔다.

●꿈 해몽에서 4과를 주의깊게 살피며 삼전의 추이를 살펴야 한다.

●일지상(日支上)에 辰은 墓神이다. 천장(天將)에 태상(太常)이 보인다. 한편으로 辰은 사계신살 중에 천목(天目)에 해당한다. 천목(天目)은 가택(家宅)정단에서 귀수(鬼祟)로 논한다.

●음신(陰神)에 酉는 당 일(日)에 파쇄(破碎)이며, 태세(太歲) 신살로 세묘(歲墓)이며, 사계신살로는 상차(喪車)이다. 뜻을 종합해 취해 보면, 필시 상(喪)을 당하는 상(象)이다. 일간(日干)에 墓인 辰이 태세(太歲)에 상문(喪門)이니 그 뜻이 더욱 뚜렷하다.

●초전(初傳)발용이 巳 부모효(父母爻)이다. 巳는 역마(驛馬)이고, 사계신살로 천차(天車)이며, 지반(地盤)에 子는 조객(弔客)이다. 천차

己丑年(기축년)과 庚寅年(경인년)에

(天車)는 교통사고의 상(象)이다. 이 뜻을 취할 수 있는 것은 巳가 역마(驛馬)이고 말전(末傳)에 자동차의 신(神)이 보이기 때문이다.

●점자에게 묻기를, 어머님이 辰生이냐고 물었다. 천장(天將)에 태상(太常)이 보이고 일간(日干)이 형제효(兄弟爻)이고, 음신(陰神)에 육합(六合)이 보이니 사람을 상대로 장사를 하시고 계신다고 말하였다. 일간(日干)은 외(外)이다. 그러니 함께 사는 상(象)이 아니다.

●辰은 동신(動神)이다. 음신(陰神)에 酉(合)에 둔간(遁干) 丁 역시 움직이는 상(象)이다. 초전(初傳)발용이 巳 역마(驛馬)이니 이 또한 움직임의 상(象)이다. 지반(地盤)에 子는 손자 손녀를 뜻한다. 어머니의 명(命)인 辰이 음신(陰神)에 酉(合)로 전하여 초전(初傳) 역마(驛馬)로 승했다. 한편으로 어머니는 장사를 하는 분이다. 장사를 하는 사람에게 주인격(鑄印格)은 물건을 구입하는 상(象)이다. 초전(初傳)에 子는 손자 손녀를 뜻한다. 뜻을 종합해 취해 보면, 점자의 어머니는 다가올 갑진일(甲辰日)에 물건을 할 겸, 손자 손녀를 보러 움직임을 가질 것이다.

●생사(生死)를 논할 때는 삼전에 묘절사(墓絶死)를 가지고 논한다. 壬辰生 坤命에 행년(行年)은 戌에 있다. 戌은 당 월(月)에 천마(天馬)이다. 그러니 어머니가 움직이는 것에 부합된다. 상신(上神)에 卯는 천귀(天鬼)이며 둔간 역시 폐구(閉口)이다. 한편으로 卯는 死이다. 초전(初傳)에 巳가 일지상(日支上)에 辰을 인종하니 墓絶死가 완벽하다.

●격(格)이 주인격(鑄印格)이다. 점자에게 묻기를, 꿈에 서류뭉치가 보이지 않았느냐고 했다. 점자가 말하기를, 어떤 할머니가 왜 서류가 복잡하냐고 따지듯이 말하였다고 한다.

●꿈에 보였던 할머니는 酉를 뜻한다. 酉는 喪車이다. 저승사자를 의
미한다. 이 과전에서 주인격(鑄印格)에 主와 꿈에서 할머니가 말했
던 서류뭉치는 어머니의 죽음을 의미하는 印일 것이다.

●더욱이 부묘효(父母爻)가 子 절지(絶支)에 임했다. 辰墓와 초전(初
傳)에 子, 당 월(月)에 사기(死氣)인 申이 완벽하니 흉(凶)을 벗어나기
는 힘들다.

●점자에게 말하기를, 필시 어머니가 이번주 토요일[甲辰日]에 서울로
오시기로 되어 있을 것이다. 그때를 피했으면 좋겠다고 했다. 강력하
게 말하지 못한 건, 필자는 육임(六壬)에서 쓰이는 방편을 잘 활용하
지 않는다. 그 이유는 이 과전에서 보이듯이 어머니가 흉(凶)을 피하
면 아이가 다치게 되어 있다. 스승님이 말씀하시길, 하나를 잃지 않
게 되면 둘 이상을 잃게 된다. 그것은 죽음에 대해서는 더욱 더 많은
것을 잃게 될 것이다. 생사(生死)는 하늘만이 할 수 있는 특권 아닌
특권이라고 하셨다.

분실물 정단1

甲	乙	丙
辰(合)	巳(勾)	午(青)
卯	辰	巳

0	甲	乙	丙
卯(朱)	辰(合)	巳(勾)	午(青)
甲	卯	辰	巳

午(青)	未(空)	申(白)	酉(常)
巳(勾)			戌(玄)
辰(合)			亥(陰)
卯(朱)	寅(蛇)	丑(貴)	子(后)

【중심·진여·육의·승계】

- 점자(占者)에게 전화가 왔다. 열쇠를 잃어버렸는데 도통 어디서 잃어버렸는지 생각이 나지 않는다며, 어디서 잃어버렸는지 알 수 있냐며 다급하게 물었다. 나이가 많으신 분이 얼마나 다급했으면 전화를 했을까 하는 생각이 들어 과전을 펼쳤다.

- 지상(支上)에 巳는 열쇠를 뜻한다. 과체가 중심(重審)이다. 이는 주변을 자세히 살피라는 뜻을 취할 수 있다. 격(格)이 라망(羅網)이어서 불리하나, 다행히 간상(干上)에 卯가 공망(空亡)이다. 연주(連珠)는 밝음을 쫓아 나아가는 상(象)이다. 비록 초전(初傳) 지반(地盤)에 낙공(落空)이 보이지만 라망(羅網)이다.

- 열쇠가 있는 곳을 유추해 보면, 초전(初傳)에 辰은 水에 庫이다. 천반(天盤)에 巳는 잔디를 뜻한다. 이는 巳에 구진(勾陳)이 보였기 때문이다.

- 초전(初傳)에 辰에 육합(六合)이 보이니 여러 사람이 모여 앉은 곳이

己丑年(기축년)과 庚寅年(경인년)에

며, 음신(陰神)에 巳에 구진(勾陳)이 보이니 오랫동안 앉아 있는 잔디밭으로 취할 수 있다.

● 간상(干上)은 점자를 뜻한다. 卯가 비록 라망(羅網)이나 공망(空亡)인지라 필시 점자가 잃어버린 것이 아니다. 점자에게 묻기를, 혹시 옷이나 가방을 맡기신 적이 없냐고 물었다. 이는 라망(羅網)에 공망(空亡)이 보이면 내가 저지른 것이 아니라 타인에 의해 일이 벌어진 것임을 알 수 있으며, 이 과전에서는 일지(日支)발용이라 그 상(象)을 취할 수 있다.

● 점자가 말하기를, 아랫동생이 잠바를 벗어달라고 해서 벗어 주었다고 한다.

● 필자(筆者)가 다시 묻기를, 가신 곳이 물이 고여 있는 호숫가이며 여러 사람이 앉아 있던 곳이 잔디밭일 것이라고 했다. 점자는 그걸 어떻게 아시냐고 묻길래, 그것이 중요한 게 아니라 필자의 말이 맞다면 그곳에 다시 가서서 찾으시면 5시를 넘지 않아서 찾게 될 터이니 걱정 말라고 하며 전화를 끊었다.

● 辰은 水에 庫이다. 협극을 당하니 필시 물이 고여 있는 상(象)이다. 巳에 구진(勾陳)은 논밭이나 전원을 뜻하니 잔디밭이라는 것을 취할 수 있다. 뜻을 종합해 취해 보면, 열쇠가 호숫가 근처 잔디밭에 앉아 있는 상(象)이다.

● 5시를 넘지 않을 것이라고 말한 것은 辰巳午는 승계(升階)이다. 이는 午 태계(太階)로 나아가니 밝음을 쫓아 나아가는 상(象)이니 해가 지기 전을 뜻하며, 초전(初傳)에 辰과 말전(末傳)에 午가 열쇠를 뜻하는 巳를 인종하니 필시 열쇠를 다시 득하는 것이다.

●30여 분이 지난 시점에 점자에게 전화가 왔다. 다시 열쇠를 찾았다며 몇 번이고 고맙다는 인사를 하셨다. 필자는 열쇠를 찾았으니 다행이라며 조심해서 올라오시라고 말씀을 드리며 전화를 끊었다. 이후에 점자가 많은 사람을 소개시켜 주었다.

己丑年(기축년)과 庚寅年(경인년)에

사업정단1

庚寅年 庚辰月 辛丑日 午時 酉將

乾命-丁巳　行年-亥

0	申	申
巳(后)	丑(白)	丑(白)
寅	巳	巳

辛	0	0	0
丑(白)	辰(陰)	辰(陰)	未(蛇)
辛	丑	丑	丑

申(朱)	酉(合)	戌(勾)	亥(靑)
未(蛇)			子(空)
午(貴)			丑(白)
巳(后)	辰(陰)	卯(玄)	寅(常)

【별책·불비·참관·과숙】

●필자(筆者)의 지인 중 한 분이 점심식사를 하자고 하여 약속 장소로 갔다.

●지인 분 외에 젊어 보이는 한 사람이 더 있었는데, 지인의 조카라며 필자에게 앞날에 대해 점단(占斷)을 의뢰하였다. 썩 내키지 않았지만 상황이 여의치 않아 사무실로 가자고 하여 과전을 펼쳤다.

●간상(干上)에 丑은 묘신(墓神)이다. 일지(日支)에 묘(墓)가 간상(干上)으로 가서 묘(墓)하니 이는 모든 일이 침체되고 답답한 상(象)이다.

●일지상신(日支上神) 역시 일지(日支)를 묘(墓)하니 택(宅)은 타락하고 사람은 어두운 상(象)이다. 한편으로 辰은 상문(喪門)이다. 삼전발용에 일간(日干)에 묘(墓) 보이니 필시 집에 죽음에 그림자가 보인다.

●일간(日干) 일지(日支)에 묘(墓)가 보이고 초전(初傳)발용에 巳는 장생이다. 중전(中傳)에 丑(白)은 파쇄(破碎)이며 병부(病符)이다. 이는 하고자 하는 일들이 이루어지지 않는 상(象)이다. 한편으로 巳는 장

己丑年(기축년)과 庚寅年(경인년)에

생이고 지반(地盤) 寅은 태세(太歲)이며 당 월(月)에 생기(生氣)이다. 중전(中傳)에 파쇄(破碎)로 전한다. 뜻을 종합해 취해 보면, 점자(占者)가 하고 있는 일이 침체된 모습이며, 여러 모로 어려움이 많은 상(象)이다.

● 점자는 필자에게 장사를 하는데 손님이 없어 몇 개월 동안 손해만 보고 있다고 했다.

● 과체는 별책(別責)이며 격(格)이 불비(不備)이니 이는 매사 불완전하여 앞으로 나아가려 해도 나아갈 수 없는 상(象)이다. 별책(別責)은 하고자 하는 일은 때를 기다리거나, 도모하는 모든 일들을 필히 방법을 바꿔야 성사가 된다.

● 간지상신(干支上神)이 묘신(墓神)이며 사람이 구름 위를 걷는 것과 같다. 丑이 비혼(飛魂)이니 정신이 혼미한 상(象)이다.

● 점자가 말하기를, 지금의 상황을 어떻게 해야 하는지를 물었다.

● 필자에게 오기 전에 다른 곳에서 3월이 되면 상황이 좋아질 것이라는 말을 들었다고 했다.

● 3월에 未를 만나 묘신(墓神) 丑을 沖하나 지반(地盤)에 戌과 삼형(三刑)이니 이러지도 저러지도 못하는 상(象)이다. 4과에 未가 보인다. 4과는 음중음(陰中陰)이다. 이는 3월의 운(運) 역시도 좋지 못한 상(象)이다.

● 중전(中傳)에 丑은 일간(日干)에 墓神이며 부모효(父母爻)이다. 지반(地盤) 戌은 火에 庫이다. 이는 돌아가신 아버님을 화장한 것이다. 부모효(父母爻)가 장생이며 점자의 명(命)을 탈하니 이 역시 산소탈로 보았다. 안 그래도 점자의 아버지가 돌아가시기 전에 물에 뿌려달라

고 했는데 마음에 걸린다며 가족들과 상의를 해본다고 했다.

●초전(初傳) 지반(地盤)이 태세(太歲)이고, 천반(天盤)에 巳는 본명(本命)이며 장생이니 올 한해 하고자 하는 일들이 파쇄(破碎)를 만나는 격(格)이다. 그러니 올 한해는 지키고 있는 것이 마땅하다. 움직이면 중전(中傳)에 파쇄(破碎)를 만나니 흉(凶)이 된다.

●필자가 말하기를, 올해는 지금 하고 있는 일들을 지키는 것이 좋을 거라고 일렀다.

사업정단 2

庚寅年 庚辰月 丁未日 巳時 酉將

乾命-己亥　行年-巳

坤命-丙午　行年-子

辛	0	丁
亥(貴)	卯(常)	未(勾)
未	亥	卯

辛	0	辛	0
亥(貴)	卯(常)	亥(貴)	卯(常)
丁	亥	未	亥

酉(朱)	戌(蛇)	亥(貴)	子(后)
申(合)			丑(陰)
未(勾)			寅(玄)
午(靑)	巳(空)	辰(白)	卯(常)

【중심·곡직·회환】

● 巳時에 방문했던 손님이다.

● 삼전이 모두 土이다. 용시(用時)에 천공(天空)이 보이고 용시(用時) 상신(上神)에 酉 주작(朱雀)이 보이며, 삼전이 삼합으로 곡직(曲直)이 된다.

● 필자(筆者)가 말하기를, 여러 사람이 모여서 사업을 하려고 하는 것이 보인다. 그 사업은 필시 토지와 관련되어 있는 것으로 보인다고 했다.

● 점자(占者)는 己亥生 남자와 부동산을 같이 하려고 하는데 사업 전망이 어떻게 되겠냐고 물었다.

● 필자는 이 사업은 안 된다고 했다. 그것은 삼전이 삼합을 이루어 화합의 상(象)이지만 중말전(中末傳)이 공망(空亡)이니 이루어질 수 없는 것이다.

● 간지상(干支上) 역시 자형(自刑)이니 서로의 뜻이 맞지 않는 것으로

己丑年(기축년)과 庚寅年(경인년)에

뜻을 취할 수 있다.

●중전(中傳)에 卯에 태상(太常)은 유관(遺冠)이다. 삼전은 木局으로 인수이며 중말전(中末傳)이 공망(空亡)이다. 이는 부동산업을 하는 자에게는 자격증이 된다. 그러므로 이 己亥生 남자에게는 자격증이 없을 것으로 보여진다.

●필자가 말하기를, 이 남성분과의 동업은 이루어지지 않는 것으로 나오니 시작하지 않는 것이 좋다고 하였다. 이 분과 같이 하게 되면 본인이 더 많이 뛰어다니는 것으로 보인다고 했다.

●필자의 말을 들은 점자는 알았다면서 사무실을 나갔다.

●후에 己亥生 남자가 점자에게 자격증이 있냐고 물어서 없다고 하니 자격증 취득 후에 사업을 시작하자고 했다며 소식을 알려왔다.

사업정단3

己丑年 乙亥月 甲戌日 酉時 寅將

乾命-辛亥　行年-辰

己丑年(기축년)과 庚寅年(경인년)에

丙	辛	甲
子(青)	巳(陰)	戌(合)
未	子	巳

癸	丙	己	0
未(貴)	子(青)	卯(常)	申(蛇)
甲	未	戌	卯

戌(合)	亥(勾)	子(青)	丑(空)
酉(朱)			寅(白)
申(蛇)			卯(常)
未(貴)	午(后)	巳(陰)	辰(玄)

【지일】

- 酉時에 방문했던 점자(占者)이다. 용시(用時)에 酉는 당 월(月)에 생기이며, 천장(天將)에 주작(朱雀)이 보이고, 초전(初傳)발용에 子는 천마(天馬)이다. 말전(末傳)에 교역의 신(神)인 육합(六合)이 보인다. 한편으로 일지상(日支)에 태상(太常)이 보인다. 이는 장사를 하려고 준비하는 상(象)이다.

- 과체가 지일이며, 초전(初傳)발용에 子는 음사의 신(神)이니, 이는 필시 가까운 사이끼리 매매(賣買)를 하는 상(象)을 취할 수 있다.

- 필자(筆者)가 말하기를, 장사를 준비하고 계신 것 같은데, 상대가 아주 가까운 사이로 보인다고 했다.

- 점자의 말이 몇 년 전 자주 가는 음식점인데 다른 곳으로 가게 되었다며, 점자에게 매매(賣買)할 용의가 있냐고 물어 생각을 해본다고 했다고 한다.

- 일지상(日支上)에 卯는 장사를 하는 곳이다. 卯는 양인(羊刃)이며 사

기(死氣)이다. 그러니 사람이 많이 찾는 곳이 아니며, 장사 역시 잘되는 상(象)이 아니다. 한편으로 卯는 당 월(月)에 만어(漫語)이다. 이는 상대방의 말이 진실성이 없다라는 것이다. 음신(陰神)에 申은 도로의 상(象)이다. 지반(地盤)에 卯 역시 자동차의 신(神)이니 이 상(象)을 취할 수 있다. 천장(天將)에 등사(螣蛇)가 보이니 넓지 않을 것이며, 역마(驛馬)에 申이 卯에 절지(絶支)에 앉으니, 이는 버스의 종착역을 뜻한다.

● 필자가 말하기를, 그 식당은 장사가 잘 되지 않으며, 주변에 버스 종착역이 보이는데 그것을 보고 들어간다며, 크게 후회할 것이라고 했다.

● 초전(初傳)발용에 子는 청룡(青龍)이나 지반(地盤)에 墓 未에 제극을 받으며, 子는 천마(天馬)가 되니 돈이 날개를 단 상(象)이며, 밤중의 돈이다. 그러니 돈을 모으기 힘든 상(象)이다. 한편으로 중전(中傳)에 巳는 주방을 뜻한다. 천장(天將)에 태음(太陰)이 보이고, 지반(地盤)에 절지(絶支)에 임하니 이는 주방을 볼 사람이 정해지지 않았음을 뜻한다. 말전(末傳)에 戌은 일간(日干)에 재효(財爻)로 점자의 처(妻)를 뜻하나, 주방을 뜻하는 巳가 戌로 입묘하는 상(象)이니 어찌 처(妻)의 음식 맛이 좋다고 볼 수 있겠는가.

● 점자의 말이 처(妻)가 음식을 못하기는 하지만, 기존에도 국수만 팔아서 돈을 많이 벌었다고 하며 문제가 없을 것이라고 했다.

● 말전(末傳)에 戌에 둔간(遁干)은 순수(旬首)이다. 지반(地盤)에 巳는 주방을 뜻하며, 戌로 입묘한다. 이 과전에서 求함은 말전(末傳)에 순수(旬首)이다. 이는 사람들은 새로운 음식을 원한다는 것을 뜻한다.

 己丑年(기축년)과 庚寅年(경인년)에

초전(初傳) 지반(地盤)에 未는 기존에 팔았던 음식을 뜻한다. 생기효인 子를 제극하니 기존에 팔았던 음식으로는 장사가 되지 않는 것을 의미한다.

- 필자가 말하기를, 기존의 음식으로는 장사가 되지 않는 상(象)이니 장사를 하지 않는 것이 어떠하냐고 극구 만류했다.

- 올 초에 다시 방문했던 점자의 얼굴은 굳은 표정으로 심상치 않았다. 점자는 필자에게 가게를 들어갔는데 주방에 문제가 자꾸 생겨 가게를 다시 내놓은 상태라며, 가게를 매매(賣買)할 수 있는 방법이 있냐고 물었다.

사업정단 4

庚寅年 庚辰月 甲寅日 申時 酉將

乾命-丁巳　行年-申

己丑年(기축년)과 庚寅年(경인년)에

丙	丁	戊
辰(合)	巳(勾)	午(靑)
卯	辰	巳

乙	丙	乙	丙
卯(朱)	辰(合)	卯(朱)	辰(合)
甲	卯	寅	卯

午(靑)	未(空)	申(白)	酉(常)
巳(勾)			戌(玄)
辰(合)			亥(陰)
卯(朱)	寅(蛇)	丑(貴)	子(后)

【중심·진여·승계】

- 申時에 방문했던 점자(占者)이다.

- 간상(干上) 지상(支上)에 양인(羊刃)이 보이고, 천장(天將)에 주작(朱雀)이 보인다. 한편으로 음신(陰神)에 교역의 신(神)이 육합(六合)과 동신(動神)이 보이고, 격(格)이 승계(升階)이니 밝음을 쫓아 나아가는 상(象)이다.

- 초전(初傳)에 재효(財爻)는 위례(違禮)이다. 협극의 재(財)는 금전적 어려움을 뜻한다. 중전(中傳)에 정신(丁神)이 동하여 말전(末傳)에 청룡(靑龍)이 보인다. 말전(末傳)에 보이는 午는 말[馬]이다.

- 필자가 말하기를, 현재 하고 있는 일에 금전적 어려움이 보인다. 그로 인해 현재 있는 곳을 정리하고 다른 곳으로 이사를 하시는 것으로 보인다고 했다.

- 점자는 지금 학원을 운영 중인데, 현재 있는 곳에서 움직이려 한다고 했다.

●지상(支上)에 보이는 주작(朱雀)의 양인(羊刃)은 광고 효과가 나지 않는 것을 뜻하며, 삼전에 승계(升階)는 밝음을 쫓아 나아가는 상(象)이니 좀더 광고 효과가 있는 곳으로 움직이려 하는 것이다.

●필자가 말하기를, 지금 있는 곳에서는 광고 효과를 볼 수 없는 곳으로 보인다. 한편으로 卯(朱雀)에 양인(羊刃)은 선생님의 상(象)을 취할 수 있다. 선생의 자질이야 의심할 수 없겠지만, 요즘 너무 강압적으로 주관적인 면에서 학생을 가르치다 보면 학생이 줄어들 수밖에 없다고 했다.

●점자는 안 그래도 선생님들 체벌 때문에 부모님들과 다툼이 자주 일어나고는 한다며, 무조건적인 체벌과 방임 속에 항상 고심을 한다고 했다.

●초전(初傳)에 재(財)는 협극이 되어 있으니 금전적인 어려움 때문에 함부로 움직일 수 있는 것도 아니다. 중전(中傳)에 巳에 정마(丁馬)가 보이고 구진(勾陳)이 보이니 움직임을 고민하는 상(象)이며, 구진(勾陳)은 움직임에 있어 불리하다. 말전(末傳)에 午에 청룡(靑龍)이 보이고 둔간(遁干)에 재(財)가 보이니, 이는 과외의 상(象)이다. 이에 필자는 학원을 운영하면서 스스로 찾아가서 과외를 하는 것이 괜찮아 보인다고 했다.

●점자는 안그래도 이전에 과외를 했었는데, 5월이나 6월쯤에 다시 과외를 할 생각이었는데 어찌 알았냐며 신기해 했다.

●초전(初傳)에 재(財)가 협극이나 말전(末傳)에 청룡(靑龍)이 보이니, 이는 밝음을 쫓아 나아가는 상(象)이니 맹동하지 않는 편이 나을 것이라 보여진다.

 己丑年(기축년)과 庚寅年(경인년)에

산소정단1

己丑年 乙亥月 癸巳日 子時 寅將

乾命-己未 行年-申

0	乙	丁
未(朱)	酉(勾)	亥(空)
巳	未	酉

辛	癸	0	乙
卯(陰)	巳(貴)	未(朱)	酉(勾)
癸	卯	巳	未

未(朱)	申(合)	酉(勾)	戌(靑)
午(蛇)			亥(空)
巳(貴)			子(白)
辰(后)	卯(陰)	寅(玄)	丑(常)

【요극·호시·여덕·과숙·입명】

- 손님과의 상담 중에 전화 한 통이 걸려왔다. 필자(筆者)의 손님 중 한 분이었는데 그동안 찾지 못했던 할머니 산소를 찾아서 이곳에 와 보니, 관리사무실에 사람이 없어서 점자(占者)가 찾으려고 했으나 묘지가 너무 광활해서 찾기가 힘들다며 육임(六壬)으로 위치를 파악할 수 있냐며 물었다.

- 간상(干上)에 卯는 사기(死氣)이며, 지상(支上)에 보이는 未는 卯에 墓이다. 한편으로 식상에 墓이니, 점자의 할머니의 墓이다. 일지(日支)에 巳는 귀인(貴人)이지만, 당 월(月)에 월파이다. 한편으로 요극(搖剋) 호시이다. 이는 가족이 없는 무연고 墓를 뜻한다. 巳는 잔디라는 의미가 있다.

- 필자가 묻기를, 그 공동묘지는 잔디가 잘 정리되어 있다. 격(格)이 입명(入冥)이다. 망자(亡者)가 있는 墓마다 이름이 새겨진 상(象)을 취할 수 있다. 초전(初傳)에 공망(空亡)이 보이고 할머니의 墓를 뜻

하니, 이는 화장을 한 상(象)이다. 초전(初傳)발용에 보이니 입구에서 멀지 않은 것을 알 수 있다. 巳는 언덕으로 취할 수 있다. 초전(初傳)에 未는 8을 뜻하나 공망(空亡)이니 4를 취했고, 지반(地盤)에 巳 역시 4수를 뜻한다.

●필자가 말하기를, 입구에서 멀지 않은 곳에 언덕으로 되어 있는 墓가 보이며, 4번째 언덕에서 오른쪽으로 4번째에 자리잡고 있는 것으로 보인다고 했다.

●10여 분이 지나 점자에게 전화가 왔다. 필자가 예측한 대로 4번째 언덕에 올라 오른쪽으로 4번째에 할머니 墓가 있었다며, 찾지 못했다면 먼 곳까지 가서 다시 돌아올 수밖에 없었는데 필자의 도움으로 금방 찾았다며 고맙다는 인사를 했다.

산소정단 2

己丑年　丁丑月　甲戌日　亥時　子將

乾命-丙午　行年-酉

己丑年(기축년)과 庚寅年(경인년)에

庚	辛	壬
辰(合)	巳(朱)	午(蛇)
卯	辰	巳

己	庚	乙	丙
卯(勾)	辰(合)	亥(常)	子(白)
甲	卯	戌	亥

午(蛇)	未(貴)	申(后)	酉(陰)
巳(朱)			戌(玄)
辰(合)			亥(常)
卯(勾)	寅(靑)	丑(空)	子(白)

【지일·진여】

●사무실에서 강의를 끝내고 집에 돌아갈쯤에 점자(占者)가 방문하였다. 늦은 시간이었지만 얼굴에 다급함과 함께 어두운 그림자가 보였다. 점자가 필자(筆者)에게 내일 2시에 만나기로 한 사람인데, 너무나 다급한 니머지 실례를 무릅쓰고 찾아왔다고 했다. 점자의 말인즉, 요즘 잠을 도통 잘 수가 없어 체중이 많이 빠져 사업을 하는데 있어 영업을 하지 못할 정도로 얼굴이 많이 상해 어떻게 해야 할지 몰라 찾아왔다고 했다. 필자가 보기에도 얼굴이 많이 상해 있다는 것을 알 수 있었다.

●점자의 말이 잠깐 잠이 들면 돌아가신 분이 나타나 자신을 멍하니 쳐다만 보는 것이 아무래도 무엇가를 말하는 것 같은데, 이것이 무슨 조화인지 몰라 어떻게 해야 할지 필자에게 물었다.

●일지(日支)에 戌은 丑月에 비혼(飛魂)이다. 이는 정신이 온전치 않음을 나타낸다. 상신(上神)에 亥가 말전(末傳)에 보이는 점자의 년명

(年命) 午를 제극한다. 이는 산소(山所)탈인 것이다. 다시 과전을 살 피니, 4과에 또 하나의 부모효(父母爻)가 보인다. 지상(支上)에 亥와 음신(陰神)에 子는 방국을 이루어 水局이 이루어졌다. 이는 아버님 과 어머님을 합장한 상(象)으로 판단하여 점자에게 말해 주었다.

●점자의 말인즉, 아버님이 먼저 돌아가시고 나서 어머님이 바로 돌아 가셔서 함께 합장을 하였다고 했다.

●일지(日支) 상신끼리 상극을 하고 있다. 土가 상극을 하니 이는 시신 (屍身)의 상하가 잘못되어져 있다고 판단했다. 한편으로 亥는 丑月 에 생기이지만 월염(月厭)에도 해당이 된다. 이는 시신(屍身)에서 냄 새가 난다는 뜻이다. 水가 왕하니 시신(屍身)이 물 위에 둥둥 떠 있 는 상(象)이다.

●삼전은 시신(屍身) 매장 후에 자식(子息)들의 동태를 살필 수 있다. 초전(初傳)에 辰은 재효(財爻)이면서 천장(天將)과 지반(地盤)에 협 극을 당한다. 辰에 육합(六合)이 보이면 위례(違禮)라고 한다. 이는 財를 쓸 수 없다는 뜻이 있다. 천장(天將)과 지반(地盤)이 협극을 하 는데 어찌 財를 논할 수 있다는 말인가.

●한편으로 지반(地盤)에 卯는 형제효(兄弟爻)이며 일간(日干)에 양인 (羊刃)이다. 이는 형제(兄弟)간에 財로 인해 다툼이 있고 예의에 어 긋남이 있는 상(象)이다. 초전(初傳)에 辰(合)은 부동산을 뜻한다. 음 신(陰神)에 주작(朱雀)이 보이니 부동산의 뜻을 취할 수 있다. 말전 (末傳)에 午(蛇)로 전해진다. 뜻을 종합해서 취해 보면, 부모님이 남 기신 부동산으로 인해 형제(兄弟)간에 다툼이 있는 상(象)이다.

●점자의 말이 부모님이 돌아가신 후에 유산 때문에 형제간에 다툼이

 己丑年(기축년)과 庚寅年(경인년)에

있어 너무 창피스럽고 어찌 해야 할지 모르겠다고 했다. 그런데 그런 것이 글자에 보이시냐고 했다. 그것이 중요한 것이 아니라 일단은 부모님의 산소를 파묘하여 다른 곳으로 이장하는 것이 어떻겠냐고 말해 주었다.

●점자가 흔쾌히 그렇게 하겠다고 한 것은 필자가 필시 점자의 몸이 감기에 걸린 것처럼 춥고, 꿈에 망자(亡者)가 보일 때 한 사람이 아니라 부모님 두 분이 나타나실 거라고 했기 때문이다. 또 하나의 이유는 부모님을 합장한 것에 대해 필자가 일러준 것이 소름끼치게 놀랐다고 하였다.

●날짜를 水가 왕한 계절이며 木이 왕한 계절로 흐르고 있으니 경인년(庚寅年) 입춘이 지난 시점에 하자고 하고 점자를 돌려보냈다.

●후에 경인년(庚寅年) 무인월(戊寅月)에 파묘를 해보니, 필자가 말한 것처럼 파묘가 시작되고 얼마지 지나지 않아 아주 근거리에 있지 못할 정도로 악취가 심했다. 또한 어디서 흐르는지 모르겠지만 산소(山所)의 좌우에서 물의 흐름이 보였다.

●산소 파묘 후에 이장을 한 후 내려오는 길에 필자와 함께 동행했던 모 대학교 풍수지리학과 교수님 말씀이 "아까 보니 시신(屍身)에 좌우가 잘못된 점이 보이던데 그것은 육임(六壬) 과전에 보이지 않던가?" 하고 물었다. 필자는 쓴웃음을 지으며 말없이 내려왔다.

●후에 필자가 책을 내기 위해 산소정단을 쓰고 있는데, 그 점자에게 전화가 왔다. 이장 후에 3일은 온 몸이 아파서 잠을 못 잤는데 그 이후에 너무나 바쁜 일이 많아서 필자에게 전화를 못했다고 했다. 필자가 묻기를 "좋은 일로 바쁘신 겁니까?" 했다. 점자는 필자에게 "요즘

거래처 이곳 저곳에서 물건을 보내달라고 해서 얼마나 바쁜지 전화
드릴 틈이 없어 이제 전화 드린다.”고 하였다. 또한 형제들 간에도
원만하게 해결이 돼서 너무 감사하다는 말씀을 전한다고 하였다.

산소정단 3

己丑年 辛巳月 癸未日 酉時 申將

乾命-辛亥　行年-午
子息-丁卯　行年-丑

辛	庚	己
巳(貴)	辰(蛇)	卯(朱)
午	巳	辰

丙	乙	壬	辛
子(靑)	亥(空)	午(后)	巳(貴)
癸	子	未	午

辰(蛇)	巳(貴)	午(后)	未(陰)
卯(朱)			申(玄)
寅(合)			酉(常)
丑(勾)	子(靑)	亥(空)	戌(白)

【요극·탄사·퇴여·맥월】

- 巳時에 상담을 하고 난 후에 巳時 두 번째 손님으로 활시법으로 과전을 제출하였다.

- 일간(日干) 음신(陰神)에 점자(占者)의 명(命)이고 보이고 말전(末傳)에 자식효(子息爻)가 보인다. 점자의 명(命)에 천공(天空)이 보이니 자식으로 인해 걱정이 많은 상(象)이다.

- 자식(子息)의 命은 말전(末傳)에 卯이다. 卯는 월(月) 내에 생기이며 천장(天將) 주작(朱雀)은 문서의 신(神)이다. 2과에 亥(空)와 합(合)하고 초전(初傳)에 巳 귀인(貴人)이 보이니 뜻을 취해 보면, 공무원 시험을 보려고 하는 상(象)이다.

- 자식효(子息爻)인 卯가 일간(日干)에 墓인 辰에 좌했으니 辰은 水에 墓이다. 이는 아이가 공부를 하지 않는 상(象)이며, 水 墓에 좌했으니 더욱 더 그 상(象)을 취할 수 있다.

- 일간(日干)에 子(靑)와 자식효(子息爻)와 子卯刑을 하니 子卯刑은 무

己丑年(기축년)과 庚寅年(경인년)에

례(無禮)의 刑이다. 이는 자식(子息)이 공부함에 있어 돈이 많이 들어가고 있는 상(象)이며, 자식(子息)은 미안해하지 않는 상(象)이다.

●지상(支上)에 午(后)는 처(妻)를 뜻한다. 점자의 命인 亥와 처(妻)를 뜻하는 午가 자형(自形)이니 이는 자식(子息)으로 인해 부부 사이조차 좋지 못한 상(象)이다.

●중전(中傳)에 辰은 일간(日干)에 墓이다. 산소(山所)탈을 논할 때 과전에 墓가 보이면서 길신(吉神)을 형극하면 이것은 또 하나의 산소탈로 봐야 한다. 중전(中傳)에 墓에서 자식효(子息爻)인 卯를 형극하니 이는 산소(山所)탈로 본 것이다.

●중전(中傳)에 지반(地盤) 巳는 월건(月建)이며 월건(月建)은 산소 위치를 논할 때 태세(太歲) 다음으로 높은 위치에 있다는 걸 알 수 있다. 점자에게 말하기를, 필시 아버지님의 墓는 주변 산소 중에 가장 높은 곳에 위치에 있으며, 중전(中傳)에 둔간(遁干)이 庚이고 일간에 부모효(父母爻)이니 아마도 나무와 돌이 적질하게 이루어진 경치가 아름다운 산이라고 하였다.

●초전(初傳)에 巳는 월건(月建)이며 왕한 火이다. 지반(地盤)에 午 역시 火이다. 이는 빛이 잘 드는 곳이라는 걸 알 수 있다. 또 하나 말전(末傳)에 생기인 卯가 초전(初傳)에 巳를 생하니 아주 길지(吉支)로 보인다. 穴 역시 巳이니 얼마나 좋은 자리인가.

●과전을 다시 살피었다. 중전(中傳)에 아버님의 산소(山所)의 지반(地盤)은 월건(月建)이며 왕한 기운이다. 말전(末傳)에 생기 역시 초전(初傳)을 도와 땔감이 되니 빛이 너무 강하면 식물이 자리지 못하는 상(象)이다.

●점자에게 묻기를, 아버님의 墓 주변에 큰 나무들이 하나도 보이지 않는다고 하였다. 대신 작은 나무들이 보이지만 빛을 가릴 만큼의 크기는 안 되니 작은 묘목(苗木)으로 보인다고 하였다.

●점자가 말하기를, 얼마 전 산세가 너무 좋아서 그런지 아버님 산소(山所) 주변에 나무를 팔라고 하는 자가 있어 점자 생각에 앞에 나무를 베면 빛이 잘 드니 더 좋을 거라는 생각에 베어 팔았다는 말을 하였다. 또한 나무를 베어간 자가 나무값 외에 묘목(苗木)을 심어준다는 말에 믿음이 가서 바로 일을 진행했다는 말을 하였다. 필자가 말하기를, 요극탄사이니 잘못된 결정이었고 퇴여이니 한번쯤 생각을 한 뒤에 하는 것이 옳았을 것이다. 그러나 맥월격이니 갑작스럽게 벌어진 일이라 점자 역시 생각할 틈이 없었을 것이다.

●점자에게 말하기를, "빛이 만물을 살리는 한 역할을 하는 것은 맞지만 그것이 너무 강하면 물이 마르는 법이지요. 그러니 빛만 강하고 물이 없다면 어찌 만물이 자랄 수 있겠습니까?"

●중전(中傳)에 辰은 수고(水庫)이다. 천장(天將) 역시 火를 뜻하는 등사(螣蛇)이고 지반(地盤) 역시 午 火이니 이는 사람이 용광로에 갇히는 상(象)으로 비추어볼 수 있다.

●후에 점자가 아버님 산소를 가 보니 필자에 말대로 빛이 너무 강해 잔디가 말라 있었고, 묘목(苗木) 역시 다 죽었다며 어찌 해야 하는지 물었다. 火가 강하면 水로 다스리는 것이 마땅하다. 하지만 삼전에 水에 길신(吉神)이 보이지 않으니 己丑年에 비가 많이 오지 않아 농사에 차질이 많았다는 점과 일맥상통(一脈相通)함을 알 수 있다. 아마도 점자가 물을 퍼 날라 아버님 산소(山所)에 물 기운을 주는 수고

를 해야 아버님의 성(怒)을 줄일 수 있지 않을까 하는 생각이 든다.

●임상사례에서 배운 것은 일간(日干)에 墓나 부모효(父母爻)가 길신(吉神)을 형극하면 산소탈로 보는데, 이때 형극하는 墓나 부모효(父母爻)가 망자(亡者)의 년명(年命)이면 이는 망자(亡者)의 명(名)으로 된 산이거나 그 산소(山所)터를 망자(亡者)가 직접 고른 것이라는 걸 알 수 있었다.

산소정단 4

庚寅年 庚辰月 丁未日 亥時 酉將

坤命－癸丑 行年－未

己丑年(기축년)과 庚寅年(경인년)에

<table>
<tr><td>癸</td><td>乙</td><td>乙</td></tr>
<tr><td>丑(勾)</td><td>巳(常)</td><td>巳(常)</td></tr>
<tr><td>卯</td><td>未</td><td>未</td></tr>
</table>

<table>
<tr><td>乙</td><td>0</td><td>乙</td><td>0</td></tr>
<tr><td>巳(常)</td><td>卯(空)</td><td>巳(常)</td><td>卯(空)</td></tr>
<tr><td>丁</td><td>巳</td><td>未</td><td>巳</td></tr>
</table>

卯(空)	辰(白)	巳(常)	午(玄)
寅(靑)			未(陰)
丑(勾)			申(后)
子(合)	亥(朱)	戌(蛇)	酉(貴)

【팔전·유박】

- 戌時에 두 번째 손님으로 활시법으로 과전을 펼쳤다.

- 지난번 방문했던 점자(占者)의 지인으로, 알 수 없는 병(病)으로 고생하고 있다는 말을 들은지라 한눈에 보기에도 수척해 보이는 것이 건강이 안 좋아 보였다.

- 점자는 필자(筆者)에게 요즘 잠도 도통 잘 수가 없고, 자꾸 흉한 꿈을 꾸고, 하는 일도 모두 접은 상태라고 했다.

- 간상(干上)지상(支上)에 巳는 역마(驛馬)이다. 일지(日支)에 未는 당월(月)에 소모(小耗)이다. 이는 금전적인 어려움 때문임을 뜻한다. 초전(初傳)발용이 丑 파쇄(破碎)이며 財에 庫라 그 상(象)을 취할 수 있다. 질병(疾病)정단에서 財에 둔간(遁干)이 폐구(閉口)이면 음식을 섭취하지 못하는 것이다.

- 과전을 자세히 살피면 초전(初傳)에 丑은 점자의 命이다. 지반(地盤)에 卯에 제극을 받는다. 卯는 당 월(月)에 천귀(天鬼)이다. 천귀(天鬼)

는 귀(鬼)로 논하며, 한편으로 질병(疾病)정단에서는 흉신(凶神)으로 논한다. 그러니 점자에게 질병(疾病)이 있다라는 걸 알 수 있다.

● 卯는 천귀(天鬼)이며 역마(驛馬)에 지반(地盤) 未는 천귀(天鬼)에 墓이니 천귀(天鬼)에 墓에 역마(驛馬)가 가(加)했다. 이는 점자 스스로가 마음대로 움직일 수 없는 것을 뜻한다.

● 卯는 일간(日干)에 부모효(父母爻)이다. 未는 부모효(父母爻)에 墓이고 부모효(父母爻)인 卯로부터 점자의 命인 丑이 제극을 받는다.

● 필자가 말하기를, 어머님이 안 계신 것으로 보이며, 필시 어머님을 화장한 것으로 보인다고 했다.

● 점자가 안 그래도 그것을 물어보려고 했는데, 요즘 꿈에 어머님이 자주 나타나는데 어떤 이유에서인지 모르겠다며 어머님이 나타난 날은 더욱 더 몸이 안 좋다고 했다.

● 丑은 관신(關神)이니 정체이며, 천장(天將)은 구진(勾陳)이다. 丑은 '갇히다, 묶이다'라는 뜻을 취할 수 있다. 그러니 어머님을 화장 후에 납골당에 모셨을 것이라고 했다. 중말전(中末傳)에 보이는 巳는 역마(驛馬)이고, 지반(地盤) 未는 부모효(父母爻)에 墓이다. 뜻을 종합해 취해 보면, 망자(亡者)의 墓가 움직이는 것을 뜻한다.

● 卯에 부모효(父母爻)가 丑과 상극함이 보인다. 이는 부모효(父母爻)가 丑에 갇힌 것으로 망자(亡者)는 이 납골당에 있는 것을 원치 않는 것이다.

● 필자는 점자에게 어머님이 돌아가시기 전에 물에 뿌려달라는 말씀을 하지 않았느냐고 물었다. 점자의 말이 안 그래도 그런 말씀을 하셨는데 자주 꿈에 보여 어느 무속인의 집에 갔더니 화장을 하면 귀

(鬼)로부터 아무런 영향을 받지 않는다고 해서 대수롭지 않게 생각
했다고 한다.

- 필자가 말하기를, 육신(六神)은 화장을 해서 없어진다고 한들 정신
(精神)까지 태워 없애버릴 수는 없는 것이니 이는 이치와 맞지 않는
말이라고 했다.

- 필자가 말하기를, 점자의 모든 병(病)은 어머님의 귀(鬼)로부터 생긴
것이니 어머님을 물에 뿌리는 것이 어떠 하냐고 말하며, 방편을 해줄
터이니 이것을 지니고 며칠이 지난 후에 잠을 이룰 수 있으면 그때
다시 필자를 찾아오라고 일렀다.

- 며칠이 지난 후에 필자에게 전화가 한 통이 왔다. 지난번 방문했던
점자인데, 선생님 말씀대로 며칠 동안 몸이 아프더니 3일이 지난 시
점에 몸이 가벼워지고 요즘은 잠도 잘 잔다며 필자를 만나기를 원했
다. 이에 필자는 그것이 오랫동안 가지 않을 것이니 가족들과 상의
해서 어머님을 불에 뿌려주라고 말했다.

- 후에 17일이 지난 시점인 계해(癸亥)일 날 좋은 시간을 택해서 어머
님을 물에 뿌렸다.

- 2개월이 지난 시점에 점자에게 전화가 왔다. 예전에 했던 그림 그리
는 일을 다시 시작해서 너무 바쁘게 살고 있으며, 좋은 남자가 한 명
생겼는데 궁합을 봐달라며 말하는 점자의 목소리가 한결 밝아진 것
같아서 필자 역시 고맙다며 궁합을 봐주었다.

선거정단 1

庚寅年 辛巳月 甲子日 申時 酉將

乾命-丁未 行年-酉

己丑年(기축년)과 庚寅年(경인년)에

戊	己	庚
辰(合)	巳(勾)	午(靑)
卯	辰	巳

丁	戊	乙	丙
卯(朱)	辰(合)	丑(貴)	寅(蛇)
甲	卯	子	丑

午(靑)	未(空)	申(白)	酉(常)
巳(勾)			戌(玄)
辰(合)			亥(陰)
卯(朱)	寅(蛇)	丑(貴)	子(后)

【중심·진여】

●지인 분의 소개로 지방선거의 후원자가 내방하였다. 이번에 자신이 후원하는 분이 선거에 나오는데 현 의원이 나오게 되면 자신이 후원하는 분이 당선되지 않을 것이라며, 어찌 해야 할지 모르겠다고 했나. 이에 필사(筆者)는 후원하는 분의 命이 무엇이냐고 물으니, 나이는 정확하게 모르지만, 말띠[午]라는 것만 안다고 했다.

●필자는 금전거래는 하지 않는 것이 좋으나, 후원하는 분이 말띠[午]라면 필시 당선이 될 것이니 걱정하지 말라고 하였다.

●초전(初傳)에 보이는 辰은 지난 월(月)에 월건(月建)이다. 이는 현 의원을 뜻한다. 초전(初傳)으로 발용되어 협극을 당한다. 辰은 일간(日干)에 재효(財爻)이다. 지반(地盤)에 卯 주작(朱雀)은 여론이며, 양인(羊刃)이다. 한편으로 卯에 둔간(遁干)은 丁이다. 중전(中傳)에 巳에 보이는 구진(勾陳)은 소송을 의미한다.

●필자가 말하기를, 현 의원은 돈으로 인한 구설수로 이번 선거에서 여

론의 힘을 받지 못할 것이며, 협극을 당하니 스스로 낙마하는 상(象)을 취할 수 있다. 점자(占者)가 후원하는 말띠[午]에 청룡(靑龍)이 보이고, 둔간(遁干)에 庚이 보이니 오래된 것은 가고 새로운 자가 당선이 되는 상(象)을 취할 수 있다.

●점자는 현 의원이 돈으로 인한 구설수는 없을 것이라며, 필자의 예측을 믿지 않는 얼굴로 사무실을 나갔다.

●후에 현 의원이 돈으로 인해 소송 시비가 있어 당에서 공천을 취소했다는 소식이 언론에서 들려왔다.

 己丑年(기축년)과 庚寅年(경인년)에

선거점단 2

庚寅年 辛巳月 己巳日 酉時 酉將

현직의원? 상대후보?

己	壬	丙
巳(合)	申(貴)	寅(空)
巳	申	寅

辛	辛	己	己
未(蛇)	未(蛇)	巳(合)	巳(合)
己	未	巳	巳

巳(合)	午(朱)	未(蛇)	申(貴)
辰(勾)			酉(后)
卯(青)			戌(陰)
寅(空)	丑(白)	子(常)	亥(玄)

【복음·자임·원태】

- 필자(筆者)가 상담 중에 전화가 걸려왔다. 자신은 인천에 있는 현직 시의원과 관계되어 있는 사람인데, 이번 선거에서 당선 여부가 궁금하다며 필자에게 정단을 의뢰했다.

- 필자는 이런 농단은 할 수 없으니, 이만 전화를 끊겠다고 하여 수화기를 내려놓았다. 잠시 후에 다시 전화가 와서는 자신이 현직 시의원의 아내라며, 주변에 말들이 많아 자신에 대해 밝힐 수 없었던 이유를 설명하며 다시 정중하게 정단을 의뢰하였다.

- 점자(占者)의 말을 듣고 보니, 점자의 상황이 이해가 되었다. 점자는 누구라고 밝히면 알 수 있는 사람이라며 끝까지 나이를 말하기 곤란하다는 말을 했다. 이에 필자는 나이에 관해서는 말하지 않아도 되니 10분 후에 다시 전화를 하면 과전을 살핀 후에 당선 여부에 대해 말을 하겠노라고 하였다.

- 육임(六壬)에서 현직 시의원은 일지(日支)이다. 상대후보는 일간(日

己丑年(기축년)과 庚寅年(경인년)에

干)이다.

- 일지상(日支上)에 巳는 당 월(月)에 월건(月建)이다. 이는 현직의원을 뜻하며 한편으로 월건(月建)을 득했으니, 이 역시 재선을 의미한다. 삼전이 원태격(元胎格)이며, 지반(地盤)에 祿이 보이니 이는 현직의원의 지지층이 강력하다는 것을 뜻한다. 초전(初傳)으로 발용되었으니, 이번에 1번을 달고 나올 것이라는 걸 알 수 있으니 이 역시 여당을 의미한다.

- 상대편 후보는 일간(日干)이다. 말전(末傳)에 보이는 寅은 태세(太歲)이며, 일간상(日干上)에 未는 태세(太歲)를 뜻하는 寅에 墓이니 당의 추천을 받지 못한 상(象)이니, 무소속으로 나온 것임을 알 수 있다. 간상(干上)에 未는 말전(末傳) 寅 관귀효(官鬼爻)에 墓가 되니 어찌 당선을 논할 수 있겠는가.

- 잠시 후에 점자에게 전화가 다시 왔다. 이에 필자는 이번 선거에 있어 지지층이 많은 것으로 보이며, 이번 선거는 현직의원이 재선이 되는 상(象)이니, 너무 걱정하지 말라고 하였다.

- 삼전에 삼형은 이번 선거에 투표율이 저조할 것이라는 걸 보여준다. 그러나 지상(支上)에서 발용된 巳가 지상(支上)으로 돌아오며, 巳는 당 월(月)에 월건(月建)이니 이는 투표율이 저조하여도 재선이 되는 상(象)이다.

- 후에 점자에게 당선이 되었다며, 필자에게 고맙다는 인사를 전했다.

선거정단3

己丑年(기축년)과 庚寅年(경인년)에

乙	甲	0
丑(常)	子(玄)	亥(陰)
寅	丑	子

庚	己	丙	乙
午(合)	巳(勾)	寅(白)	丑(常)
丁	午	卯	寅

辰(靑)	巳(勾)	午(合)	未(朱)
卯(空)			申(蛇)
寅(白)			酉(貴)
丑(常)	子(玄)	亥(陰)	戌(后)

【중심·퇴여·야쇠·삼기】

● 필자(筆者)의 문하생들과 선거 이야기를 하다가 이번 서울시장 선거에 누가 당선될지를 문하생들이 필자에게 물었다. 이에 필자는 안 그래도 인터넷 모 카페 회원으로 있는 분들이 메일로 필자에게 정단을 의뢰해 와 인터넷 카페에 올려놓을 겸 해서 정단을 하였다.

● 여당후보인 오세훈 후보를 일지(日支)로 보고, 야당후보인 한명숙 총리를 일간(日干)으로 보았다.

● 야당후보인 일간상(日干上)에 祿이 보이고, 음신(陰神)에 巳 구진(句陳)이 보인다. 이는 한명숙 총리에게 있었던 소송을 의미한다. 여론을 뜻하는 기궁에 未 주작(朱雀)이 祿과 합(合)을 한다. 이는 이번 서울시장 선거에 한명숙 총리의 소송건이 발목을 잡는 상(象)이다.

● 여당후보를 뜻하는 일지상(日支上)에 寅은 태세(太歲)이다. 이는 오세훈 현 시장이 대통령의 당인 여당후보임을 보여주는 상(象)이며, 천장

(天將)에 백호(白虎)까지 보이니 대통령의 후원을 받는 상(象)이다. 삼전이 亥子丑으로 寅을 인종한다. 이는 이명박 현 대통령의 전철을 밟고 있는 상(象)을 보여준다.

●초전(初傳)에 丑은 병부(病符)이며 황은(皇恩)이다. 이는 지난 노무현 정권 때 대통령으로부터 은혜를 받은 상(象)으로 지난 정권의 실세임을 알 수 있다.

●지반(地盤)에 寅은 태세(太歲)이니 현 정권의 실세인 오세훈 후보를 의미한다. 이 뜻을 종합해 취해 보면, 이번 선거가 현 정권의 실세와 지난 정권의 실세와의 선거전이라는 양상을 취할 수 있다.

●말전(末傳)에 亥는 서울을 의미하며, 당 월(月)에 월파(月破)이면서 공망(空亡)이 보인다. 삼전이 퇴여(退茹)로 흐르고 삼기가 보인다. 이는 入墓卦로 관직에 승진할 마음이 없다라는 걸 의미한다.

●寅은 태세(太歲)이며, 당 월(月)에 비혼(飛魂)이다. 비혼(飛魂)은 민심의 향방에 있어 갈등이 많다라는 걸 의미하며, 오세훈 시장의 많은 갈등과 고뇌를 의미한다. 비혼(飛魂)이 보이고 서울을 뜻하는 亥가 공망(空亡)이며 퇴여(退茹)로 흐른다. 이는 이번 선거에 있어 민심의 향방이 정해지지 않은 상(象)이며, 오세훈 시장의 생각보다는 이명박 대통령의 생각이 주요했음을 의미한다.

●이 과전에서 중전(中傳)에 순수(旬首)와 삼전이 일지(日支)에 寅으로 흐르니, 이는 이번 선거의 당선은 오세훈 시장의 재선임을 알 수 있다. 그러나 말전(末傳)에 亥가 공망(空亡)이니, 이는 오세훈 서울시장이 시장으로서 역할을 다하지 못함을 의미한다. 이는 중전(中傳)에 순수(旬首)가 천마(天馬)를 만나고 일지(日支)에 寅 태세(太歲)로 흐르니, 이는

대선에 도전함으로 인해 끝까지 시장으로서의 역할을 다하지 못할 것임을 알 수 있다.

● 이 과전을 선거가 있기 2주 정도를 남겨두고 모 인터넷 육임카페에 올렸습니다. 그로 인해 필자는 아마도 지금까지 살아오는 동안에 듣지 못할 욕은 다 들은 것 같습니다. 지금부터 필자에게 메일을 보내셨던 분들을 위해 부연설명을 합니다.

● 간상(干上)에 午 祿이 보이니 한명숙 후보가 당선되는 것이 아니냐 하는 메일을 받았습니다. 지방선거, 특히나 단체장에서는 순수(旬首)의 흐름을 봐야 합니다. 모 선생이 말하는 월건(月建)은 국회의원 선거에서 봐야 할 신(神)입니다. 또한 퇴여(退茹)로 흐르니, 이번 선거는 한명숙 후보의 승리라고 하는 분들에 대해 설명합니다. 퇴여(退茹)로 흐른다 히여 한명숙 후보가 당선된다고 하는 것은 이론이 맞지 않습니다. 물론 퇴여(退茹)가 보이면 현 시장이 불리한 상(象)으로는 볼 수 있습니다. 그러나 흐름을 보아야 합니다. 이 과전에서 퇴여(退茹)는 역전승, 역전패를 상징하는 것으로 보는 것이 마땅합니다. 승부정단에서 퇴여(退茹)가 보이면 승부가 역전승이나 역전패로 흐른다는 걸 실전에 이용하시면 알 수 있으실 겁니다.

● 어떤 분들은 필자에게 일지상(日支上)에 寅 장생이 백호(白虎)를 만나니 현 시장이 자리를 지키지 못하는 것을 의미하니, 오세훈 후보의 낙선을 말하는 분도 계십니다. 그것은 구재(求財)나 사업정단에서 백호(白虎)에 장생이 보이면 논할 수는 있는 문제입니다. 이 과전

은 선거정단이라 오히려 백호(白虎)는 길신(吉神)으로 논하는 것이 마땅합니다. 한편으로 寅은 일간(日干), 즉 한명숙 후보의 장생이지 일지(日支)의 장생으로 논하는 것은 이론에 맞는 것이 아닙니다. 간상(干上)에 보이는 午는 다음 달의 월건(月建)입니다. 이는 앞으로 한명숙 후보가 보궐선거나 국회의원 선거에 출마하는 것으로 취하는 것이 옳다고 보여집니다. 단체장 선거에서는 월건(月建)보다 순수(旬首)의 흐름을 보고 판단하는 것이 옳다고 생각합니다.

●후에 오세훈 후보가 승리하였음을 언론에서 보았습니다.

己丑年(기축년)과 庚寅年(경인년)에

선거정단4

庚寅年 辛巳月 丁卯日 卯時 酉將

김문수 후보(辛卯生　行年-丑)

유시민 후보(己亥生　行年-巳)

丁	癸	丁
卯(空)	酉(貴)	卯(空)
酉	卯	酉

乙	辛	癸	丁
丑(勾)	未(陰)	酉(貴)	卯(空)
丁	丑	卯	酉

亥(朱)	子(合)	丑(勾)	寅(靑)
戌(蛇)			卯(空)
酉(貴)			辰(白)
申(后)	未(陰)	午(玄)	巳(常)

【반음·삼고·이번·참륜】

●이번에는 경기도지사에 대한 정단을 문하생들과 해보았다.

●여당인 김문수 후보를 일지(日支)로 보고, 야당후보인 유시민 후보를 일간(日干)으로 판단했다.

●간상(干上)에 丑은 황은(皇恩)이며 병부(病符)이다. 이는 지난 노무현 정부 때 은혜를 받은 상(象)으로, 지난 정부 때의 실세임을 알 수 있다.

●丑은 지난 태세(太歲)이니, 노무현 대통령을 의미한다. 천장(天將)에 구진(勾陳)이 보이고, 음신(陰神)에 未는 관부(關符)이며, 태음(太陰)이 보이니, 이는 유시민 후보가 노무현 대통령이 현 정권으로부터 관사와 죽음을 당한 것을 앞세워 은택을 바라는 상(象)을 취할 수 있다.

●일지상(日支上)에 酉는 김문수 후보를 뜻한다. 음신(陰神)에 卯에 천공(天空)이 보이고 둔간(遁干)에 정신(丁神)이 보이니, 卯는 당 월(月)에 생기이다. 한편으로 과는 반음이다. 이는 김문수 후보측에서는 유시민

己丑年(기축년)과 *庚寅年*(경인년)에

후보에 대해 당을 자주 바꾸고 이리저리 철새 정치를 한다는 것을 앞세워 유시민 후보에 대해 맞선다는 걸 알 수 있다.

● 반음에 主와 卯와 酉, 즉 日月이 뒤바뀌는 상(象)으로, 이번 선거가 현 정권과 이번 정권의 선거 양상전이라는 것을 취할 수 있다. 한편으로 반음에 主는 충(沖)하고 동(動)해서 잠시도 정지하지 못함을 의미하니, 이번 선거가 치열할 것임을 보여준다. 교차극이며, 반음이니 필시 서로에 대해 지난 일들에 대해 옳고 그름을 판단하는 것이 아니라, 서로의 약점을 들추어내는 것으로 서로의 입장 차이만 확인할 뿐 뚜렷한 증거를 제시할 수 없음을 알 수 있다.

● 간상(干上)에 丑은 노무현 대통령을 의미한다. 중전(中傳)에 酉는 월장(月將)이고, 둔간(遁干)에 폐구(閉口)에 癸는 폐구(閉口)이다. 한편으로 卯와 酉는 일월(日月)의 문이니, 필시 유시민 후보측에서는 노무현 대통령의 죽음을 앞세워 해와 달이 바뀌어야 한다는 말로 정권심판을 내세울 것임을 알 수 있다. 또한 卯는 육임(六壬)에서 배를 뜻한다. 지반(地盤)에 절지 酉가 보이고, 酉는 당 월(月)에 사기(死氣)이다. 둔간(遁干)에 폐구(閉口)가 보이니, 이는 천안함 사건 조사에 대해서도 주장할 것임을 알 수 있다.

● 이번 선거에 主는 초전(初傳)에 보이는 卯에 있다. 卯는 생기이나 절지 酉에 보이고, 폐구(閉口)이다. 둔간(遁干)에 정신(丁神)이 보이니, 卯에 천공(天空)은 젊은 사람들을 뜻하니, 이번 선거에 천안함 사건과 젊은 투표자들의 향방이 선거에 상당한 영향력이 있음을 보여준다.

● 김문수 후보를 뜻하는 일지상(日支上)에 酉에 폐구(閉口)로 이번 선거에 불리한 상(象)이나, 말전(末傳)에 김문수 후보의 命인 卯가 생기를

만나고, 둔간(遁干)에 정신(丁神)이 보이니, 이는 日月門 앞에 태양이 비추는 격으로 민심의 향방이 김문수 후보를 택할 것임을 보여주는 것으로 김문수 후보의 당선을 보여준다.

●반음에 主는 반복됨을 의미한다. 아마도 유시민 후보가 당을 옮겼던 것이 앞으로 유시민 후보의 정치생활에 있어 상당히 불리하게 작용할 것임을 알 수 있다. 丁은 바람에 흔들리는 불이라 선거 후에 유시민 후보의 행로가 어떠할 것임을 보여준다.

●이번 역시 몇몇 분들이 필자(筆者)에게 항의성 메일을 보내셨습니다. 그로 인해 부연설명합니다.

●물론 반음에 主와 日月이 충(沖)하니, 사람이 바뀌는 것을 취할 수 있습니다.

●酉에 폐구(閉口)로 불리한 상(象)이나, 삼전에 김문수 후보의 命이 보이지 않았다면 필자 역시 유시민 후보의 당선을 예측할 수 있습니다. 그러나 日月에 문이 바뀌어도 김문수 후보의 命이 보이니, 재선을 할 것임을 예측할 수 있습니다.

己丑年(기축년)과 庚寅年(경인년)에

선거정단 5

庚寅年 辛巳月 癸未日 午時 申將

현 교육감? 상대 교육감?

辛	癸	0
巳(貴)	未(朱)	酉(勾)
卯	巳	未

己	辛	0	乙
卯(陰)	巳(貴)	酉(勾)	亥(空)
癸	卯	未	酉

未(朱)	申(合)	酉(勾)	戌(青)
午(蛇)			亥(空)
巳(貴)			子(白)
辰(后)	卯(陰)	寅(玄)	丑(常)

【요극·탄사·여덕·간전】

- 필자(筆者)가 손님과 대화를 하던 중에 전화 한 통이 걸려왔다. 필자가 아는 분으로, 이번 교육감 선거에 자신이 아는 분이 나왔다며 당선 여부를 물어보았다.

- 나이를 정확하게 알지 못한다고 하여 일지(日支)를 현 교육감, 일간(日干)을 지인 분이 후원하는 후보로 보았다.

- 일지(日支)에 보이는 酉에 구진(句陳)이 보이고 공망(空亡)이다. 음신(陰神)에 亥에 천공(天空)이 보이고 낙공(落空)이다. 필자가 말하기를, 현 교육감이 그동안 교육감이라는 타이틀만 있었지 아이들을 위해 해놓은 일이 없다라는 말을 하였다.

- 간상(干上)에 은택의 신(神)인 태음(太陰)이 보이고 생기이다. 음신(陰神)에 귀인(貴人) 巳가 보이고 월건(月建)이다. 초전(初傳)에 일간(日干)에 음신(陰神)이 발용되었고, 현 교육감인 일지(日支)에 보이는 酉는 말전(末傳)에 보이며, 공망(空亡)이며, 구진(句陳)이 보인다.

己丑年(기축년)과 庚寅年(경인년)에

●필자가 말하기를, 많은 표 차이는 아니지만 민심의 향방이 지인 분께서 후원하는 분이 당선되는 상(象)이니 걱정하지 말라며 전화를 끊었다.

●후에 9시쯤 되어서 전화를 하셨다. 고맙다는 인사를 하며, 당선된 분과 통화를 하게 해주었다. 필자는 일면식이 없었기 때문에 극구 통화를 거부하였지만, 지인 분께서 급하게 바꿔주는 바람에 고맙다는 인사를 받았다.

己丑年(기축년)과 庚寅年(경인년)에
육임(六壬)으로 만난 사람들

己丑年(기축년)과 庚寅年(경인년)에
육임(六壬)으로 만난 사람들

소송정단2

庚寅年 辛巳月 乙卯日 子時 酉將

乾命-辛丑　行年-卯

坤命-庚子　行年-午

<table>
<tr><td>0</td><td>壬</td><td>己</td></tr>
<tr><td>丑(青)</td><td>戌(朱)</td><td>未(后)</td></tr>
<tr><td>辰</td><td>丑</td><td>戌</td></tr>
</table>

<table>
<tr><td>0</td><td>壬</td><td>0</td><td>辛</td></tr>
<tr><td>丑(青)</td><td>戌(朱)</td><td>子(勾)</td><td>酉(蛇)</td></tr>
<tr><td>乙</td><td>丑</td><td>卯</td><td>子</td></tr>
</table>

寅(空)	卯(白)	辰(常)	巳(玄)
丑(青)			午(陰)
子(勾)			未(后)
亥(合)	戌(朱)	酉(蛇)	申(貴)

【중심·가색·여덕】

●지인 분께서 가게를 오픈한다고 하셔서 오픈식에 참석했다. 지인 분께서 가게가 잘 될 것 같냐며 정단을 의뢰했다. 후에 지인 분의 친구께서 자신도 봐주었으면 하셔서 다음에 기회가 되면 봐드린다고 하니, 자신에게 아주 다급한 문제가 있다며 그것에 대해 정단을 해주시기를 부탁했다. 너무 간곡하게 부탁을 하셔서 활시법으로 과전을 체출하였다.

●간상(千上)에 丑은 병부(病符)이다. 음신(陰神) 戌에 주작(朱雀)이 보인다. 용시(用時)에 子는 당 월(月)에 구신(勾神)이다. 천장(天將)에 구진(勾陳)은 소송을 뜻한다. 한편으로 子는 당 월(月)에 천마(天馬)이다. 초전(初傳)발용에 丑은 황은(皇恩)이다. 이는 임금의 은총을 뜻한다. 지반(地盤)에 辰은 천갱(天坑)이다. 말전(末傳)에 未는 당 월(月)에 관부(關符)이다. 이는 관사, 즉 관재를 뜻한다. 삼전이 삼형이다. 천갱(天坑) 辰에 태상(太常)이 보이고 辰은 水에 庫이다. 4과에

己丑年(기축년)과 庚寅年(경인년)에

酉는 검찰을 뜻하며, 법원을 의미한다.

● 필자(筆者)가 말하기를, 술을 먹고 교통사고를 내서서 법원에 출두하는 것이 보이며, 술을 먹고 운전을 해서 아주 불리한 상(象)으로 보인다고 했다.

● 점자(占者)는 다른 곳으로 가서 말을 하자며, 가까운 커피숍으로 필자를 안내했다. 점자는 얼마 전에 술을 먹고 운전하고 가다가 사람을 치었는데, 합의를 보지 않으면 운전직에 종사하는 개인면허가 취소된다며 필자에게 방법이 없겠냐며 물었다. 말을 들어보니, 점자는 개인택시를 운전하는 자인데 이번 사고로 면허가 취소되면 개인택시 면허까지 취소가 되어 생계가 걸린 문제라 아주 다급한 상황으로 보여졌다.

● 소송정단에서 초전(初傳) 중전(中傳)에 공망(空亡)을 좋게 본다. 이 과전 역시 초전(初傳)이 공망(空亡)이라 求함이 보이나, 辛丑生 점자의 命이 공망(空亡)을 네우니 아주 불리한 상(象)이다.

● 만약 점자의 命이 丑이 아니었다고 해도 말전(末傳)에 墓를 만나니, 면허취소는 불가피해 보인다. 가색격 역시 점자의 일이 해결되기가 힘들 것임을 보여주고 있다. 점자는 필자에게 아는 공무원이 있는데 그 공무원을 통해 해결 방법을 찾으려고 하는데, 그 공무원이 도움이 되겠냐고 물었다.

● 4과에 酉는 법원이나 검찰에 종사하는 자를 뜻한다. 4과에 보이는 공무원은 힘이 없는 상(象)이다. 초전(初傳)에 보이는 丑에 황은(皇恩)에 墓를 당하니 이는 공무원이 이번 사건에 도움이 되지 않는 상(象)이다. 또한 4과에 보이니, 이번 사건이 배당되어 있는 곳과는 많

이 떨어져 있는 곳에서 근무를 하고 있는 것으로 보여진다.

●필자가 말하기를, 그 공무원은 직책이 높지 않을 뿐더러 이번 사건이 배정되어 있는 곳과는 많이 떨어져 있는 곳으로 보여진다고 했다.

●점자는 안 그래도 이번 사건이 수리되어 있는 곳과는 많이 떨어진 곳이라고 했다.

●52세의 행년(行年)은 巳에 있다. 상신(上神)에 寅은 庚寅年을 뜻한다. 천장(天將)에 천공(天空)이 보이고 형제효(兄弟爻)이니, 이는 올해 사람과의 관계에서 도움을 받으려고 하는 것은 방법이 되지 못한다는 의미를 취할 수 있다. 53세의 행년(行年) 祿에 백호(白虎)가 보이니, 이는 지금까지 해오던 직업에서 변화를 의미한다. 말전(末傳)에 未는 재효(財爻)이지만 墓財라 앞으로 금전적 어려움이 커 보인다고 했다.

●점자는 이 사건 외에 궁금한 것이 또 하나 있는데 물어봐도 되냐고 했다. 이에 필자는 애정 문제가 궁금하냐고 물었다. 점자는 안 그래도 그 문제 때문이라고 했다.

●삼전에 삼형이 보인다. 삼형은 묶여 있는 상(象)으로 가정이 있다는 것을 의미한다. 간상(干上)에 丑은 점자의 명(命)이다. 지상(支上)은 택(宅)이고, 子는 재효(財爻)로 처(妻)를 뜻한다. 이 점자가 여자에 대해 물었으니, 子 공망(空亡)을 메우니 만나는 자의 命이 子生일 것이다. 필자가 말하기를, 지금 만나는 여자는 子生일 것이고, 가정이 있는 여자라고 했다.

●점자는 아주 신기해 하며, 그걸 어찌 아느냐고 물었다. 그게 중요한 것이 아니고, 가정이 있는 여자를 만난다는 것은 물어볼 것 없이 문

  己丑年(기축년)과 庚寅年(경인년)에

제가 있는 것이 아니냐며 필자는 말에 힘을 주어 이어 갔다. 더구나 삼전이 삼형이라 이 여자를 계속 만난다면 관재가 있을 것임을 확신할 수 있다. **子丑**에 **合**은 부부의 **合**이지만, 삼전이 삼형인데 어찌 인연을 이어 갈 수 있다고 말할 수 있나. 한편으로 삼형은 서로를 묶어 두려고 하는 상(象)으로 의처증이나 의부증을 뜻한다. 삼전에 삼형은 점자의 처(妻)의 상(象)이지만 이는 가정이 있는 여자와 인연을 가지려고 하는데 문제가 있다. 묶어두고 가두다 보면 자유가 없어지고, 자유를 막다 보면 폭력이 난무하게 되는 것이다.

●필자가 말하기를, 점자의 외로움이야 어찌 필자가 알겠습니까? 하지만 가정이 있는 여자를 만나다 보면 그 가정을 파괴하는 것이 되니, 죄는 짓지 말고 사시기를 부탁드렸다.

소송정단3

庚寅年 庚辰月 己酉日 寅時 酉將

坤命-丁未　行年-卯

己丑年(기축년)과 庚寅年(경인년)에

辛	丙	癸
亥(蛇)	午(空)	丑(后)
辰	亥	午

0	己	甲	辛
寅(陰)	酉(合)	辰(常)	亥(蛇)
己	寅	酉	辰

子(貴)	丑(后)	寅(陰)	卯(玄)
亥(蛇)			辰(常)
戌(朱)			巳(白)
酉(合)	申(勾)	未(靑)	午(空)

【중심·맥월·참관】

- 午時에 두 번째 손님으로 활시법으로 체출하였다.

- 초전(初傳)에 亥는 재효(財爻)이다. 등사(螣蛇)가 보이고 중전(中傳)에 祿은 천공(天空)을 만나며 절지(絶支)에 임했고, 말전(末傳)에 丑은 둔간(遁干)에 암재를 만났고, 병부(病符)이다. 말전(末傳)에 丑은 형제효(兄弟爻)이다.

- 간상(干上)에 寅에 태음(太陰)이 보이고, 음신(陰神)에 酉에 육합(六合)이 보이고, 맥월격(驀越格)이고 참관(斬關)이다.

- 필자(筆者)가 말하기를, 잘못된 계약으로 인해 돈에 손실이 보이며, 그 손실은 땅과 관련되어 있다고 했다.

- 점자(占者)는 친구의 소개로 모든 재산을 정리해서 땅을 샀는데 그 땅이 값어치가 없는 땅이었다며, 소송을 준비하려고 하는데 승소 가능성이 있는지를 물었다.

- 초전(初傳)에 亥는 관송을 뜻한다. 중전(中傳)에 午 인수효는 소송점

에서 증거서류를 뜻한다. 증거서류가 천공(天空)을 만나고, 절지(絕支)에 있으니 증거는 찾을 수 없다. 그러니 소송을 진행할 수 없다. 한편으로 증인은 형제효(兄弟爻)인데 둔간(遁干)이 폐구(閉口)이고 병부(病符)이니, 이는 소개해 준 친구가 입을 닫는 상(象)이다. 그러니 친구 역시 소송의 증인으로 나서지 않는 것이다. 한편으로 말전(末傳)에 둔간(遁干) 폐구(閉口)는 소송점에서 자신의 주장을 피기 힘든 상(象)을 취할 수 있다.

●필자가 말하기를, 이번 소송은 증거서류를 제출하기에도 힘든 상(象)이며, 증인 역시 내세우기가 힘든 상(象)이니 승소 가능성이 보이지 않는다고 했다.

●점자는 다른 곳으로 가서 물으니 승소 가능성이 있다고 말했다며, 필자의 말을 귀담아 듣지 않으며 잔득 화가 난 상태로 사무실을 나갔다.

●며칠 후에 점자에게 전화 한 통이 왔다. 법원에 서류를 제출하려고 하니 증거서류가 부족해서 소송접수가 안 된다고 했다며 답답해 하였다.

●초전(初傳)에 亥에 등사(螣蛇)가 보이고, 지반(地盤)이 墓이다. 이는 소송 시작의 어려움이 있는 상(象)이며, 중전(中傳)에 午 증거서류가 절지(絕支)에 임했으니, 이 역시 증거서류를 만들기 힘든 상(象)이다. 말전(末傳)에 증인 역시 입을 닫고 있으니 이 소송은 진행하기가 힘들다.

己丑年(기축년)과 庚寅年(경인년)에

소송정단 4

<table>
<tr><td>庚</td><td>壬</td><td>0</td></tr>
<tr><td>申(合)</td><td>戌(蛇)</td><td>子(后)</td></tr>
<tr><td>午</td><td>申</td><td>戌</td></tr>
</table>

<table>
<tr><td>未(勾)</td><td>申(合)</td><td>酉(朱)</td><td>戌(蛇)</td></tr>
<tr><td>午(靑)</td><td></td><td></td><td>亥(貴)</td></tr>
<tr><td>巳(空)</td><td></td><td></td><td>子(后)</td></tr>
<tr><td>辰(白)</td><td>卯(常)</td><td>寅(玄)</td><td>丑(陰)</td></tr>
</table>

<table>
<tr><td>己</td><td>辛</td><td>戊</td><td>庚</td></tr>
<tr><td>未(勾)</td><td>酉(朱)</td><td>午(靑)</td><td>申(合)</td></tr>
<tr><td>丙</td><td>未</td><td>辰</td><td>午</td></tr>
</table>

【중심·간전·여덕·천옥·섭삼연】

- 未時에 방문했던 점자(占者)이다. 소개로 왔다며, 아무 말도 하지 않고 있길래 과전을 살폈다.

- 간상(干上)에 未 구진(勾陳)이 보이고, 음신(陰神)에 酉에 주작(朱雀)은 당 월(月)에 파쇄(破碎)이다. 지상(支上)에 午는 양인(羊刃)이고, 청룡(靑龍)이다. 초전(初傳)발용에 申은 재효(財爻)이고, 교역의 신(神)인 육합(六合)이 보이고, 지반(地盤)에 양인(羊刃)으로부터 제극을 받는다. 천옥(天獄)은 관재(官災)를 뜻하며, 섭삼연(涉三淵)은 연못 위의 얼음을 밟는 상(象)으로 매사 전전긍긍하는 것을 의미한다. 한편으로 섭삼연(涉三淵)은 하나의 산을 넘으면 다시 하나의 산이 기다리고 있는 상(象)으로 볼 수 있다. 한낮의 상황이 밤중으로 가는 상(象)이라 이 또한 점자의 상황이 암매(唵昧)한 것으로 흐른다는 걸 알 수 있다.

- 간상(干上) 지상(支上)에 午와 未는 양인(羊刃)의 합(合)이다.

●중심(重審)은 한번 더 살피라는 뜻이 있고, 초전(初傳)에 보이는 양인(羊刃)은 너무 앞서 일을 한 것을 의미한다.

●필자(筆者)가 말하기를, 지금 사람과의 돈 거래 문제로 다툼이 보이며, 이는 현찰이 오고 간 것이 아니라 문서로 인한 돈이 보이니, 필시 보증을 서준 문제로의 다툼이며, 상대방에서 차일피일 미루는 것으로 인해 점자가 힘든 상황이라고 말했다.

●점자는 그때서야 "선생님 맞습니다. 선생님을 의심해서 그런 것이 아니라, 이곳말고도 다른 데 여러 곳을 갔는데 자기 상황을 맞추지도 못하면서 굿이나 부적 이야기만 해서 입을 닫고 있었습니다. 죄송합니다."라고 하며 말을 이어 갔다.

●점자의 말을 들어 보니, 남편의 친구가 건설업을 하는데 사업이 좀 어렵다며 보증을 서주기를 바랐다고 한다. 이에 점자는 친구가 사업체가 크지 않지만 땅이 많은 사람이니 돌려받을 수 있다는 생각에 8억이라는 돈을 보증을 서주었다고 한다.

●일간(日干)은 상대이다. 간상(干上)에 구진(勾陳)은 땅을 뜻하며, 음신(陰神)에 酉 주작(朱雀)은 문서를 뜻한다. 문서에 파쇄(破碎)가 보이고 일간(日干)에 재효(財爻)가 되니, 이 땅으로 저당을 잡아 대출을 받은 상(象)이며, 파쇄(破碎)에 문서이니, 이는 내 앞으로 되어 있지만 이미 내 것이 아님을 알 수 있다.

●점자는 안 그래도 알아보니, 이미 그 많은 땅을 저당잡혀 대출을 받을 수 있을 만큼 받은 상태이고, 이자를 갚지 못해 은행으로 넘어가는 상태에 놓여 있다고 했다.

●지상(支上)에 보이는 午는 처(妻)의 命이다. 초전(初傳) 지빈(地盤)에

보이고 양인(羊刃)이다. 필자는 보증을 서주면서 처(妻)가 앞장서서 해준 것으로 보인다고 했다.

● 점자는 안 그래도 처(妻)가 그런 사람이 아닌데, 흔쾌히 허락을 했다고 한다.

● 필자는 아마도 처(妻) 역시 점자와 같은 생각으로 땅이 많으니 받을 수 있을 것이라고 생각했을 것이라고 했다.

● 점자는 5월에는 틀림 없이 해준다고 하는데, 약속이 지켜질 것이 보이냐고 물었다.

● 초전(初傳)에 교역의 신(神)인 육합(六合)이 보이지만, 지반(地盤)으로부터 양인(羊刃)의 제극을 받는다. 한편으로 섭삼연(涉三淵)이 보이고, 밤의 시간으로 흐른다. 이는 약속이 지켜지지 않는 상(象)이며, 일간(日干)에 음신(陰神)에 보이는 酉 주작(朱雀)은 재효(財爻)이며 파쇄(破碎)에 財이니, 상대방 역시 금전적으로 어려움이 보인다.

● 점자가 소송을 하는 것은 어떠하냐고 물었다.

● 간상(干上)에 구진(勾陳)은 일지(日支) 辰과 형제효(兄弟爻)이며, 일간(日干)을 탈기한다. 이는 소송이 쉽지 않은 상(象)을 뜻하며, 고소장 역시 파쇄(破碎)가 보이니, 이는 상당한 시간이 걸릴 것을 의미하며, 재판에도 이기기 쉽지 않은 것을 의미하며, 중전(中傳)에 墓가 보이니 이는 감옥을 가는 상(象)이라 돈 대신에 감옥살이를 하겠다는 것을 의미한다.

● 말전(末傳)에 子는 법원을 뜻한다. 지반(地盤)에 戌은 일간(日干)에 墓이고, 子는 공망(空亡)이니 법원으로부터 도움을 받지 못하는 상(象)이다. 상대방의 자식효(子息爻)는 변호사를 뜻한다. 戌은 자식효

*己丑年(기축년)*과 *庚寅年(경인년)*에

(子息爻)이지만, 일간(日干)에 墓이다. 이는 변호사 역시 승소를 확실하게 말하지 못하는 상(象)이다.

- 점자는 안 그래도 변호사에게 알아보니, 점자의 사업장을 담보로 보증을 서주었기 때문에 점자만 피해를 보지, 상대방은 돈이 없다고 하면 받을 수 있는 방법이 없다고 한다. 더구나 금전 부분은 민사로 가기 때문에 이는 세월이 해결하는 것이라고 했다고 하니, 격(格)에 섭삼연(涉三淵)과 일치하는 상(象)이다.

- 점자는 앞으로 어떻게 해야 하며, 내년에는 점자의 상황이 좋아질 것 같냐며 물었다. 壬寅生 50세 행년(行年)은 卯에 있다. 巳는 일간(日干)에 祿이다. 천장(天將)에 천공(天空)이 보이고, 중전(中傳)에 戌로 입묘한다. 戌은 형제효(兄弟爻)에 墓이다. 이는 친구나 동료로 인해서 내 祿이 형제효(兄弟爻)에 墓로 입묘하는 상(象)으로 점자의 상황과 일치한다. 친구로 인해 내 祿이 입묘하니, 점자의 상황이 좋지 못함을 의미한다.

- 점자의 처(妻)에 경인년(庚寅年) 행년(行年)은 子에 있다. 상신(上神)에 寅은 비록 장생이지만 천장(天將)에 도탈의 신(神)인 현무(玄武)가 보이니, 상황이 좋지 못함이 보인다. 46세 행년(行年)인 내년의 운 역시 丑 병부(病符)를 만나니, 건강을 유념해야 할 것이다. 중전(中傳)에 戌은 火에 庫이고, 처(妻)의 命인 午에 墓이고, 申은 흉부를 뜻한다. 그러니 가슴속에 火가 가득 차 있는 상(象)이다. 점자는 안 그래도 처(妻)가 자신으로 인해 화병이 있다고 했다.

- 중전(中傳)에 보이는 지반(地盤) 申이 육합(六合)이 戌 墓에 갇히니 상대방은 돈을 해결해 줄 방법이 없다. 말진(末傳)에 子 귀살(鬼殺)

과 간상(干上)에 보이는 未 구진(勾陳)은 소송을 뜻하지만, 墓에 보이고 공망(空亡)이 된다. 그러니 소송 역시 점자에게 이 문제를 해결할 방법은 안 된다.

● 필자가 말하기를, 이 문제는 해결이 쉽지 않으니 지금으로서는 방법이 보이지 않는다고 했다.

● 지상(支上)은 택(宅)이다. 午에 양인(羊刃)에 청룡(靑龍)이 보이니, 집이라도 건지려면 빨리 매매(賣買)하는 것이 좋을 거라고 말해 주며, 싼 가격에 내놓으면 5월에 매매가 될 것이니 집부터 건지는 것이 좋을 것이라고 일렀다.

소송정단 5

庚寅年 辛巳月 甲子日 酉時 酉將

乾命-甲子　行年-辰
坤命-壬子　行年-午

丙	己	壬
寅(靑)	巳(朱)	申(后)
寅	巳	申

丙	丙	甲	甲
寅(靑)	寅(靑)	子(白)	子(白)
甲	寅	子	子

巳(朱)	午(蛇)	未(貴)	申(后)
辰(合)			酉(陰)
卯(勾)			戌(玄)
寅(靑)	丑(空)	子(白)	亥(常)

【복음·원태】

- 필자(筆者)의 손님 중 한 분께 전화가 왔다. 다른 사람과의 다툼으로 인해 경찰서에 와 있는데, 자신이 불리한 상황이라며 어찌 해야 할 지를 모르겠다며 도움을 청했다.

- 초전(初傳)에 寅은 역마(驛馬)이다. 일지(日支)에 子 역시 천마(天馬) 이다. 필자가 말하기를, 혹시 교통사고건이 아니냐고 물었다. 이에 점자(占者)는 맞다고 했다.

- 초전(初傳)에 보이는 寅은 당 월(月)에 비혼(飛魂)이며, 말전(末傳)에 보이는 申은 망신(亡神)이다. 한편으로 일지(日支)에 子가 백호(白 虎)를 만났다. 필자는 필시 점자가 술을 먹고 운전한 것으로 보인다 고 했다.

- 점자는 자신이 술을 먹고 대리운전을 부르는 사이에 상대방인 者가 차를 빼달라며 운전을 권유해서 잠시 차를 뺀다는 것이 상대방 차에 부딪쳐서 수리비를 줄 터이니 연락처를 달라고 했다. 하지만 괜찮다

 己丑年(기축년)과 庚寅年(경인년)에

며 그냥 갈 것을 권유했다고 한다. 후에 점자 역시 차에 상처가 얼마 나지 않아 대수롭게 생각하지 않고 왔다고 한다.

● 다음 날 점자에게 경찰서에서 출두하라는 전화를 받고 가 보니, 상대 방이 뺑소니 신고를 했다고 한다. 이에 점자는 경찰에게 상황을 설명 하니, 상대방에서 증인이 있다고 하니 증인 말을 들어보라고 했다고 한다. 점자 앞에 나타난 증인은 대리운전 기사로 점자가 술에 취해 운전을 한 것을 봤다며, 목격자 증인을 섰다고 하니 점자로서는 억울 한 상황인 것이 분명하였다.

● 필자는 지금으로서는 상황이 여의치 않으니 합의를 보라고 권유했 다. 이에 점자는 그럴 수 없다며, 소송을 준비할 것이라고 하며 전화 를 끊었다.

● 초전(初傳)에 寅에 비혼(飛魂)이 보이고, 중전(中傳)에 巳에 주작(朱 雀)이 보인다. 말전(末傳)에 申은 망신(亡神)이다. 뜻을 종합해 취해 보면, 삼전이 삼형이니 차를 몰고 많이 움직인 상(象)은 아니다. 하지 만 삼전에 보이는 것을 취해 보면, 점자의 말에 뚜렷한 증거가 없는 상(象)이며, 술을 먹고 운전했다는 자체로도 法 앞에 할말이 없는 것 을 알 수 있다.

● 후에 상대방 측에서 합의를 해주지 않아 상대방 차를 수리해 주고 벌 금에 면허 취소까지 당했다고 하니 점자의 억울한 심정을 이해는 하 나, 사고가 났을 때는 그 자리에서 모든 것을 해결한 뒤에 하는 것이 옳은 방법이라는 것을 보여주는 사례이다.

소송정단6

己丑年 丁丑月 丙子日 申時 子將

乾命-丁巳　行年-戌

己丑年(기축년)과 庚寅年(경인년)에

0	丁	辛
酉(朱)	丑(陰)	巳(空)
巳	酉	丑

0	丁	庚	0
酉(朱)	丑(陰)	辰(白)	申(合)
丙	酉	子	辰

酉(朱)	戌(蛇)	亥(貴)	子(后)
申(合)			丑(陰)
未(勾)			寅(玄)
午(靑)	巳(空)	辰(白)	卯(常)

【중심·참관·복앙】

- 손님과의 상담 중에 다급한 목소리로 한 통의 전화가 걸려왔다. 시동생이 교통사고를 쳤는데, 음주운전에 뺑소니를 쳐서 합의가 되지 않으면 구속될 처지에 있다고 하였다.

- 일간(日干)에 시고 당사자의 명(命)인 기궁(寄宮) 巳가 보인다. 일간(日干)을 사고 당사자, 일지(日支)를 상대방으로 과전을 펼쳤다. 원고를 일간(日干)으로 피고를 일지(日支)로 보지만, 본명(本命)이 보이면 주객(主客)을 바꾸어 논할 수 있다.

- 상대방인 일지(日支)상에 辰(白)이 보이니 사고을 당해 병원에 입원해 있는 상(象)이다. 음신(陰神)에 申(合)에 공망(空亡)이 보이니 申(合)은 결발(結髮)이다. 이는 다리가 다친 상(象)이다. 상대방이 어디를 다쳤는가를 알려면 백호(白虎)나 귀살(鬼殺)을 살피면 된다. 이 과전에서는 辰(白)은 동신(動神)이다. 지반(地盤) 子와 합(合)을 하니 자유롭지 못한 상(象)이다. 子는 丑月에 혈기(血忌) 혈지(血支)이다. 질

병(疾病)정단에서 혈기(血忌)나 혈지(血支)가 보이면 피를 흘리는 상(象)이다. 종합해 보면, 교통사고 당일 피해자는 피를 많이 흘리는 상(象)이며, 신체 중에 뼈를 뜻하는 申이 공망(空亡)이며 申 지반(地盤)이 동신(動神)인 辰이기 때문에 다리가 다쳐 움직임이 자유롭지 못한 상(象)으로 판단하여 말해 주었다.

●사고 당사자인 일간(日干)상신에 酉(朱) 야조(夜噪)는 새가 지저귀는 상(象)이다. 둔간이 공망(空亡)이니 말을 하지 않은 상이며, 음신에 丑(陰)에 둔간 丁은 말없이 사고 자리를 떠난 상(象)이다.

●초전(初傳)발용에 酉(朱)는 사계신살 중의 하나인 천차(天車)이다. 천차(天車)는 교통사고의 흉(凶)신 중 하나이다. 그러니 교통사고의 상(象)임을 보여주고 있다.

●다행히 이 과전에 삼합국이 보인다. 또한 간지(干支)상신이 합(合)을 하고 있어 합의가 되는 상이다. 그러나 간상(干上)에 酉(朱)가 공망(空亡)이다. 이는 적극적으로 가서 말을 하지 않는 상(象)이다. 일지인 子가 교차 파(破)를 하니 이 역시 상대방에서 합의를 하지 않는 이유 중 하나인 것이다.

●소송(訴訟)정단에서 초중전(初中傳)이 공망되면 길(吉)로 본다. 그러나 이 점단(占斷)은 합의를 도출하기 위한 정단이니 酉(朱)가 공망(空亡) 작용력을 메꾸려면 상대방에게 가서 적극적으로 용서를 빌어야 합의가 이루어지는 상(象)이다.

●일간(日干)에 음신(陰神)은 丑이다. 丑(陰)은 일간(日干)의 측근이다. 일지(日支)에 음신(陰神)인 申은 상대방 측근이다. 이 사안은 측근들이 나서면 해결이 되지 않는 상(象)이다. 상신(上神)에 묘(墓)가 되기

己丑年(기축년)과 庚寅年(경인년)에

때문이다. 더구나 申(合)이 공망이니 합의를 도출해 내기가 힘들다.

● 합의를 하기 위해서는 당사자가 가서 상대방에게 용서를 빌어야 해
  결이 되는 상(象)이다.

● 그러나 당사자인 k씨가 구속되거나 하는 상(象)은 아니다.

● 합의가 되는 금액은 당사자인 k씨는 600만 원을 들고 가서 이 금액
  밖에 없다고 하면서 사정 이야기를 해야 할 것이다. 또한 합의가 되
  는 시점이 庚辰日날 될 것이라고 하였다.

● 상대방은 辰이고 k씨는 酉(朱)이니 야조(夜噪)를 득하게 되면 비로
  서 합의가 되는 것이다.

● 庚辰日 酉時가 되면 필시 합의가 이루어질 것이니 걱정하지 말라고
  하고 전화를 끊었다.

● 후에 庚辰日 酉時에 합의가 되었다고 전화가 왔다. 당사자인 k씨가
  전화를 직접해서 고맙다는 인사를 전했다. 통화 중에 말이 어눌해서
  물으니, 너무 많은 말을 해서 입 안이 많이 부었다고 한다. 공망(空
  亡)인 酉(朱)를 득하려고 한 결과가 k씨의 입에 상처를 주었다고 하
  니 만물의 영생이 신기롭기만 하다.

승부정단1

庚寅年 己卯月 庚寅日 亥時 戌將

己丑年(기축년)과 庚寅年(경인년)에

戊	丁	丙
子(后)	亥(陰)	戌(玄)
丑	子	亥

0	0	己	戊
未(空)	午(靑)	丑(貴)	子(后)
庚	未	寅	丑

辰(合)	巳(勾)	午(靑)	未(空)
卯(朱)			申(白)
寅(蛇)			酉(常)
丑(貴)	子(后)	亥(陰)	戌(玄)

【지일·퇴여】

- 필자(筆者)의 손님 중에 자식(子息)이 현역 배구선수인 분이 계신다.

- 손님과의 상담 중에 급하게 전화가 와서는 자식(子息)의 팀이 이번에 결승에 올랐는데 1차전 경기가 어떻게 될 것인지를 물었다.

- 일지(日支) 寅은 홈팀 삼성을 뜻하고 일간(日干)은 원정팀인 현대를 뜻한다.

- 승부(勝負)정단에서의 지일은 감독이 여러 선수를 가동해서 쓴다는 의미가 있다. 고정멤버가 아닌 후보들과 함께 여러 선수를 교체한다는 의미가 있다.

- 승부(勝負)정단에서 퇴여(退茹)는 역전승을 의미한다. 즉, 처음 1세트를 득한 팀이 패(敗)한다는 의미이다.

- 일간(日干)은 원정팀 현대를 의미한다. 간상(干上)에 未는 당 월(月)에 사기(死氣)이다. 이외에 공망(空亡)까지 보인다. 음신(陰神)에 午(靑)는 승부(勝負)정단에서 길신(吉神)이지만 이마저도 공망(空亡)이

다. 여기서 午(靑)는 태양을 뜻한다. 태양은 가장 높은 곳에 위치한
다. 풀이하자면, 원정팀 현대는 블로킹이 높은 선수들이 많다. 그러
나 공망(空亡)이니 제 역할을 못한다는 것을 의미한다.

- 일지(日支) 寅은 태세(太歲)이다. 지상신(支上神)에 丑은 당 월(月)에
  생기이며 병부(病符)이다. 이는 작년도 우승팀을 말하며, 현재도 우
  승에 근접해 있는 팀이라는 의미를 취할 수 있다. 음신(陰神)과 우녀
  상회(牛女相會)이다. 이는 팀간에 부부의 융합처럼 단합이 잘 된다
  는 뜻을 취할 수 있다.

- 교차(交車) 墓이며 간지상(干支上)에 沖이 보인다. 이는 경기가 치열
  한 양상이다.

- 일지상신(日支上神)에 丑은 원정팀인 일간(日干)에 현대의 墓이며,
  당 월(月)에 생기이다. 이는 현대가 삼성이라는 팀을 만나면 힘을 쓰
  지 못한다는 뜻을 취할 수 있다. 한편으로 당 월(月)에 생기이니 삼
  성이라는 팀만 만나면 힘을 낸다는 뜻도 취할 수 있다.

- 초전(初傳)발용이 4과에서 올라 일간(日干)에 탈을 당하고 있다. 이
  는 홈팀 삼성이 1세트를 내주는 상(象)이다.

- 중전(中傳)에 亥가 지상(支上) 丑과 음신(陰神) 子가 인종하여 일간
  (日干) 현대를 탈기시키고 있으며, 둔간(遁干) 역시 丁이니 이는 현
  대가 다 잡은 2세트를 삼성에게 내주는 상(象)이다. 둔간(遁干)이 丁
  이니 조직력이 흔들린다는 뜻을 취할 수 있다.

- 말전(末傳)에 戌과 홈팀을 뜻하는 丑이 刑하니 丑은 허리를 뜻하니
  배구경기에서는 센터를 뜻한다. 戌은 손으로 막는 수문장을 뜻한다.
  즉, 블로킹이라는 뜻을 취할 수 있다. 뜻을 종합해 보면, 삼성이 현

대의 블로킹 벽에 막혀 3세트를 내주는 상(象)이다.

- 삼전이 퇴여(退茹)이고 교차(交車) 墓이고 간지상신(干支上神)에 沖이 보이면 승부(勝負)를 예측하기 힘들 정도로 치열한 상(象)이다.

- 원정팀을 뜻하는 일간(日干)상에 사기(死氣)가 보이고 음신(陰神)마저 공망(空亡)이니 이는 경기를 이길 수 있는 상(象)이 아니다.

- 일지상신(日支上神)에 원정팀인 일간(日干)에 墓가 보이니 이 역시 원정팀이 이길 수 있는 상(象)이 아니다.

- 홈팀 삼성은 丑에 생기를 얻었으나 귀결문인 말전(末傳)에 戌과 刑을 하니 이기더라도 치열한 승부 끝에 승리를 거두는 상(象)이다.

- 이 경기의 맹점은 공격력보다는 수비력에서 중점을 두어야 이기는 상(象)이다. 여기서 財는 공격력을 뜻한다. 삼전 어디에도 재효(財爻)가 보이지 않는다. 삼전이 水로 탈기이니 이는 조직력과 수비 싸움에서 경기가 판가름이 나는 상(象)이다.

승부정단2

庚寅年 庚辰月 甲午日 亥時 戌將

己丑年(기축년)과 庚寅年(경인년)에

庚	己	戊
子(白)	亥(常)	戌(玄)
丑	子	亥

辛	庚	0	0
丑(空)	子(白)	巳(朱)	辰(合)
甲	丑	午	巳

辰(合)	巳(朱)	午(蛇)	未(貴)
卯(勾)			申(后)
寅(靑)			酉(陰)
丑(空)	子(白)	亥(常)	戌(玄)

【지일·퇴여·삼기】

- 배구선수를 자식으로 둔 점자(占者)가 지난번 경기를 정확하게 맞추었다며, 이번 경기 역시 정단을 의뢰하였다.
- 巳時에 두 번째 정단이라 활시법(活時法)으로 亥時를 골라 과전을 펼쳤다.
- 이번에는 일간(日干)이 삼성이고 홈팀인 일지(日支)는 현대이다.
- 묘하게도 지난번 정단과 똑같이 퇴여(退茹)이다. 이는 지난번과 같이 1세트를 승리하는 팀이 패(敗)하는 상(象)이다.
- 원정팀을 뜻하는 일간(日干)상신에 丑과 음신(陰神)에 子가 우녀상회(牛女相會)에 합(合)을 하고 있다. 이는 선수와 감독이 융합이 잘 된다는 뜻이다. 한편으로 丑은 병부(病符)이고 천장(天將)이 천공(天空)이다. 이는 선수들의 체력이 많이 쇠진해 있다는 뜻이며, 丑은 허리를 뜻하니 허리가 안 좋은 선수들이 많을 것이다. 음신(陰神)에 子는 당 월(月)에 지의(地醫)이다. 이는 선수들이 치료를 받는 상(象)이

다. 그러니 체력이 많이 소진해 있다는 뜻을 취할 수 있다.

● 일지(日支)는 홈팀인 현대를 뜻한다. 巳(朱雀)는 주상(晝翔)이다. 이는 선수들의 마음이 너무 앞선다는 의미이다. 巳(朱)의 또 다른 뜻은 선수들간에 싸인이 맞지 않는 의미이다. 음신(陰神)에 辰(合)은 위례(違禮)이다. 이는 선수들과 감독간에 뜻이 맞지 않는 상(象)이다. 몸은 처지고 마음만 앞서니 선수들간에 융화도 맞지 않는 것이다.

● 초전(初傳)발용이 원정팀 일간(日干)에 생기이기는 하나 병부(病符)에 있으니 이는 선수들의 몸이 가볍지 않은 상(象)이다.

● 중전(中傳)에 일간(日干)에 장생이 보이니 비로소 2세트부터 경기력이 향상된다는 것이 보인다. 홈팀인 현대를 뜻하는 巳(朱)가 일간(日干)에 장생을 제극하려고 하나 공망(空亡)이 보이니 무력함이 보인다.

● 말전에 戌은 홈팀을 뜻하는 巳에 墓이며 입묘하는 상(象)이다.

● 결과론적으로 봤을 때 이번 경기 역시도 1차전과 같은 양상이다. 첫 세트를 내주지만, 마지막에 승리하는 팀은 일간(日干)을 뜻하는 원정팀 삼성이 이기는 것이다.

*己丑年(기축년)*과 *庚寅年(경인년)*에

승부정단 3

庚寅年 庚辰月 己亥日 亥時 戌將

戊	丁	丙
戌(陰)	酉(后)	申(貴)
亥	戌	酉

甲	0	戊	丁
午(朱)	巳(合)	戌(陰)	酉(后)
己	午	亥	戌

辰(勾)	巳(合)	午(朱)	未(蛇)
卯(青)			申(貴)
寅(空)			酉(后)
丑(白)	子(常)	亥(玄)	戌(陰)

【원수·연여·참관·여덕】

●이번 역시 지난번 배구선수를 아들로 두신 점자(占者)가 전화로 물었다.

●점자에게 이번에는 그냥 경기를 지켜보라고 했더니, 이번이 마지막이라고 하며 부탁을 하여 거절을 할 수 없었다. 그도 그럴 것이 이번이 마지막 7차전이라고 하니 부모의 심정을 헤아려 과전을 펼쳤다.

●점자에게 이번에는 어느 팀이 홈팀이냐고 물었다.

●일지상(日支上)에 戌은 홈팀 삼성을 뜻한다. 일간상(日干上)에 午는 원정팀인 현대를 뜻한다

●이 점자의 과전을 펼칠 때마다 항상 삼전이 퇴여(退茹)로 흐른다.

●일지상(日支上)에 戌은 괴도천문격(魁度天門格)이다. 이는 홈팀인 삼성이 승부에서 막힘이 많다라는 뜻이다. 음신(陰神)에 酉는 외국에서 데리고 온 선수를 뜻한다. 둔간(遁干)이 丁神이니, 이는 삼성 홈팀 경기에서의 막힘이 외국에서 데리고 온 선수가 불안한 플레이

己丑年(기축년)과 庚寅年(경인년)에

를 한다는 상(象)이다.

●일간(日干)에 현대는 午(朱)는 둔간(遁干)이 순수(旬首)이다. 이는 선수들 간에 새로운 마음으로 경기를 치르자고 하는 마음이다. 한편으로 간상(干上)에 午는 공격력을 뜻한다. 일지상(日支上)에 戌로 입묘하는 상(象)이니, 이는 현대의 공격력이 삼성의 수비력에 막히는 뜻을 취할 수 있다. 戌은 류신(類神)으로 수문장을 의미한다.

●초전(初傳)발용이 홈팀인 삼성이고 일간상(日干上)에 현대 午에 공격력이 戌로 입묘한다. 말전(末傳)에 申 장생을 삼성이 인종하며 홈팀 삼성을 뜻하는 戌에 태음(太陰)이 보이니, 이는 삼성이 승리를 거두는 상(象)이다.

●퇴여(退茹)는 승부점에서 역전을 의미도 하지만 한편으로 치열한 경기를 뜻한다. 후에 필자가 정단한 모든 경기가 풀세트까지 가는 경기였다고 한다.

승부정단4

庚寅年 辛巳月 丙寅日 未時 酉將

己丑年(기축년)과 庚寅年(경인년)에

辛	庚	壬
辰(白)	午(靑)	申(合)
寅	辰	午

辛	癸	戊	庚
未(勾)	酉(朱)	辰(白)	午(靑)
丙	未	寅	辰

未(勾)	申(合)	酉(朱)	戌(蛇)
午(靑)			亥(貴)
巳(空)			子(后)
辰(白)	卯(常)	寅(玄)	丑(陰)

【중심·간전·참관·여덕】

- 일요일 오후 필자(筆者)의 강의 도중에 문하생 한 명이 오늘 한국과 에콰도르전이 열리는데 승부가 어떻게 될지를 물었다. 이에 필자는 문하생들에게 양해를 구하고 과전을 열었다.

- 일지(日支)는 홈팀으로 한국이다. 한편으로 일시(日支)가 寅으로 한국을 뜻한다. 일간(日干)은 원정팀으로 에콰도르를 뜻한다.

- 일간상(日干上)에 未에 구진(勾陳)은 승리에 대한 집착이며, 삼전에 참관(斬關)이 보이고 여덕(勵德)이 보인다. 이는 피로에 대한 누적이 된 상(象)을 취할 수 있다. 한편으로 未에 구진(勾陳)이 보이고, 음신(陰神)에 酉 주작(朱雀)은 사기(死氣)이며 참관(斬關)이 보이니, 이 역시 장시간의 이동으로 인한 피로감을 뜻한다.

- 일지상(日支上)에 보이는 辰은 동신(動神)이며 백호(白虎)까지 보이니, 이는 부지런히 뛰어다니는 상(象)이며 공격적인 플레이를 하는 상(象)이다. 음신(陰神)에 午는 양인(羊刃)이다. 이는 감독을 상징한

다. 종합해 취해 보면, 선수들은 감독으로 인해 열심히 뛰어다니는 상(象)을 취할 수 있다.

● 초전(初傳)발용에 일지상(日支上)이 오르고, 중전(中傳) 역시 午 양인(羊刃)으로 일지(日支) 음신(陰神)에서 발용이 되었으니, 경기가 한국에서 주도권을 갖고 경기하는 양상이다. 말전(末傳)에 육합(六合)이 보이나 일지(日支) 음신(陰神)인 午 양인(羊刃)으로부터 제극을 당하니, 이는 에콰도르 선수들의 수비플레이를 뚫는 상(象)을 취할 수 있다. 초전(初傳)은 공격라인이며, 중전(中傳)은 허리라인을 뜻하며, 말전(末傳)은 골키퍼에 가까운 수비플레이를 뜻한다.

● 초전(初傳)에 공격라인 역시 한국이 우세할 것이며, 허리라인에 보이는 중전(中傳) 역시 일지(日支) 음신(陰神)에서 올라 양인(羊刃)까지 되니, 한국의 허리라인이 상대편보다 강하다는 걸 취할 수 있다. 말전(末傳)에 申은 에콰도르 선수들간의 경기 말미에 융화를 하려고 하는 상(象)이나, 午 양인(羊刃)으로부터 제극을 당하니, 한국의 허리라인에서 공격이 차단되는 상(象)을 취할 수 있다.

● 말전(末傳)에 申은 일간(日干)에 재효(財爻)로 에콰도르의 공격력을 뜻하는 지반(支盤) 午로부터 제극을 당하니 중간 지점에서 공격력이 약화되는 것을 취할 수 있다. 한편으로 申은 당 월(月)에 소모(小耗)이니, 이는 에콰도르 선수들이 공격을 하려고 하나 한국의 허리라인에 막혀 기운을 빼는 것을 취할 수 있다.

● 승부정단에서 점수는 간지(干支) 승신(乘神)의 음양(陰陽)으로 판단한다. 3골 차로 한국이 승리하는 상(象)이다. 점수는 후반전이 되어야 득점하는 상(象)이고, 득점 주인공은 교체선수가 하는 상(象)이다.

일지(日支)는 스타팅 멤버를 뜻하고, 음신(陰神)은 교체선수를 뜻한다. 음신(陰神)에 午가 양인(羊刃)이며, 말전(末傳)에 에콰도르 수비진을 제극하니, 이는 후반에 교체하는 선수가 득점하는 상(象)이다.

●일지(日支)에 辰(白)은 참관(斬關)이 보이고, 초전(初傳)으로 발용되었다. 한편으로 참관(斬關)은 중전(中傳)에 양인(羊刃)을 만났다. 이는 해외파 선수들의 경기력으로 승리를 하는 상(象)이며, 득점 역시 해외파 선수들이 득점하는 것을 취할 수 있다.

●후에 경기 결과는 2-0으로 한국이 승리하였다. 필자는 경기를 보지 않았지만, 득점 예측이 빗나감을 알고 과전을 다시 살폈다. 후에 안 사실이지만 골은 3골이 나왔지만, 오프사이드로 1골은 무효가 되었다는 것을 알았다. 등삼천(登三天)은 운우를 얻은 교룡이 하늘로 올라 비를 뿌리는 상(象)이니, 어찌 승리를 하지 않을 수 있겠는가.

래정 1

庚寅年 辛巳月 丙寅日 酉時 酉將

乾命-壬寅　行年-寅

동업자-甲辰　行年-子

己丑年(기축년)과 庚寅年(경인년)에

己	壬	丙
巳(勾)	申(蛇)	寅(白)
巳	申	寅

己	己	丙	丙
巳(勾)	巳(勾)	寅(白)	寅(白)
丙	巳	寅	寅

巳(勾)	午(合)	未(朱)	申(蛇)
辰(靑)			酉(貴)
卯(空)			戌(后)
寅(白)	丑(常)	子(玄)	亥(陰)

【복음·자임·임관·여덕】

- 용시(用時)가 재효(財爻)이며, 당 월(月)에 파쇄(破碎)이다. 丙에 祿은 巳에 있고 구진(勾陳)이 보인다. 巳는 형제효(兄弟爻)이고, 중전(中傳)에 申은 재효(財爻)이며 등사(螣蛇)가 보인다. 한편으로 申은 망신(亡神)이며, 소모(小耗)이고, 역마(驛馬)이다. 말전(末傳)에 寅은 장생이며, 백호(白虎)이다.

- 용시(用時)가 파쇄(破碎)를 만났으니 돈으로 인한 문제이며, 초전(初傳)발용에 祿이 구진(勾陳)을 만났으니 이 역시 먹고 사는 문제로 인한 고민이며, 巳는 월건(月建)이니 현재의 문제이다.

- 중전(中傳)에 申은 역마(驛馬)이고, 망신(亡神), 소모(小耗)이다. 말전(末傳)에 寅은 장생이고 비혼(飛魂)이다. 장생에 백호(白虎)가 보이면, 지금의 상황에서 이직을 생각하는 상(象)이다.

- 巳는 형제효(兄弟爻)이고, 중전(中傳)에 역마(驛馬)는 삼형으로 움직일 수 없으며, 말전(末傳)에 장생은 백호(白虎)를 봤으니 현재 하고

있는 일에서 탈피하고자 하는 상(象)이나, 이 역시 삼형으로 쉽게 바꿀 수 없는 상(象)이다. 원태(元胎)는 원대한 꿈을 갖고 시작은 했으나 말전(末傳) 백호(白虎)를 보았으니 끝이 좋지 못한 상(象)이며, 시작이 신중하지 못했음을 의미한다. 동업자를 뜻하는 甲辰生에 財는 보이지 않는다. 초전(初傳)은 간상(干上)을 따르고 말전(末傳)은 지상(支上)에 귀(歸)한다. 이는 내가 타인에게 일을 부탁하는 상(象)이다.

●이 모든 것을 종합해 취해 보면, 동업자로 인해 사업을 시작했으나 지금은 그 사업에 대해 회의를 느껴 정리를 하고 싶을 것이다. 그러나 지금의 상황에서 모든 것을 정리하기는 힘들 것이다. 마음대로 움직일 수 없는 이유는 금전적인 부분이다. 그 이유는 이 사업을 하면서 모든 돈을 쏟아 부었을 것이다. 동업자에 재효(財爻)가 보이지 않으니 상대방은 돈을 대지 않았다. 신중하지 못한 것을 후회하고 있을 것이다.

●후에 점자(占者)의 말을 들어 보니, 자신은 부동산업을 하는데 2년 전에 후배가 찾아와서 사업을 하자고 해서 시작을 했는데 후배는 돈을 대지 않았고 자신의 돈만 투자를 했는데, 그 사업이 실현 가능성이 없어 정리하려고 한다고 했다. 그러나 지금 현재로서는 금전적인 채무 관계로 인해 정리하고 싶어도 어디부터 정리를 해야 할지 모르겠다고 했다.

 己丑年(기축년)과 庚寅年(경인년)에

래정 2

己丑年 乙亥月 乙巳日 戌時 寅將

乾命-乙巳 行年-戌

<table>
<tr><td>己</td><td>癸</td><td>乙</td></tr>
<tr><td>酉(蛇)</td><td>丑(靑)</td><td>巳(玄)</td></tr>
<tr><td>巳</td><td>酉</td><td>丑</td></tr>
</table>

<table>
<tr><td>戊</td><td>壬</td><td>己</td><td>癸</td></tr>
<tr><td>申(貴)</td><td>子(勾)</td><td>酉(蛇)</td><td>丑(靑)</td></tr>
<tr><td>乙</td><td>申</td><td>巳</td><td>酉</td></tr>
</table>

酉(蛇)	戌(朱)	亥(合)	子(勾)
申(貴)			丑(靑)
未(后)			寅(空)
午(陰)	巳(玄)	辰(常)	卯(白)

【중심·종혁】

● 간상(干上)에 申은 귀살(鬼殺)이고, 음신(陰神)에 子는 구진(勾陳)이고, 병부(病符)이다. 이는 직업으로 인한 고민을 뜻한다. 초전(初傳)에 酉는 당 월(月)에 생기이나 등사(螣蛇)가 보이고, 지반(地盤)에 巳는 당 월(月)에 월파(月破)이고 현무(玄武)가 보인다. 삼전이 종혁격(從革格)으로 변화를 의미한다.

● 일간(日干) 음신(陰神)에 자식(子息)을 뜻하는 子는 병부(病符)를 만났고, 말전(末傳)에 보이는 巳 역시 자식을 뜻한다. 子는 巳에 絶이다. 巳에 자식효(子息爻)에 지반(地盤)에 丑은 둔간(遁干)이 폐구(閉口)이고 子가 음신(陰神)에 보이니, 이 역시 숨겨진 것이다. 酉 관귀효(官鬼爻)를 지반(地盤) 자식효(子息爻)에 제극하고, 말전(末傳)으로부터 초전(初傳)까지 체생한다.

● 초전(初傳)에 보이는 酉는 파쇄(破碎)이다. 지반(地盤)에 자식효(子息爻)가 보이니, 필시 아이의 머리에 이상이 있는 상(象)이다.

*己丑年(기축년)*과 *庚寅年(경인년)*에

●필자(筆者)가 말하기를, 당신은 직업에 변화가 많다. 그 이유 중에 하나는 점자(占者) 자신이 공부를 많이 하지 못한 이유에서이고, 또 하나는 자식에 대한 걱정 때문에 점자의 직업 변동이 많은 것이다. 자식으로 인해 처(妻)와도 이별을 했을 것이라고 했다. 방문한 이유도 지금하는 일에서 다른 일을 하고자 물으러 왔으며, 이것이 동료의 권유로 시작하는 것이라면 하지 않는 것이 좋을 거라고 했다.

●점자의 이야기를 들어 보니, 자신은 부모(父母)의 덕(德)이 없어 공부를 못했으며, 결혼을 해서 아내와 행복한 가정을 꿈꾸었으나 자식을 낳았는데 자폐아를 낳아 아내와도 이별을 했고, 점자가 아이를 혼자 돌보게 되니 평범한 직장을 갖기 힘들었으며, 이번에 친구의 권유로 동업을 시작하려고 하는데 잘 될지를 물으러 왔다고 했다.

래정 3

庚寅年 辛巳月 丁卯日 未時 酉將

坤命－丁未　行年－子

己丑年(기축년)과 庚寅年(경인년)에

癸	0	乙
酉(朱)	亥(貴)	丑(陰)
未	酉	亥

癸	0	己	辛
酉(朱)	亥(貴)	巳(空)	未(勾)
丁	酉	卯	巳

未(勾)	申(合)	酉(朱)	戌(蛇)
午(青)			亥(貴)
巳(空)			子(后)
辰(白)	卯(常)	寅(玄)	丑(陰)

【중심·간전·여덕·용전】

- 未時에 방문했던 점자(占者)이다.

- 간상(干上)에 酉는 당 월(月)에 파쇄(破碎)이며, 둔간(遁干)에 폐구(閉口)가 보인다. 음신(陰神)에 亥는 역마(驛馬)이고 당 월(月)에 월파(月破)이며, 지반(地盤)에 酉는 재효(財爻)이며 파쇄(破碎)이다. 亥 역마(驛馬)는 공망(空亡)을 만났다. 그러니 돈이 없어 말[馬]이 달리지 못하는 형국이다.

- 지상(支上)에 巳는 형제효(兄弟爻)이며, 음신(陰神)에 未는 양인(羊刃)이다. 이는 점자(占者)가 사람으로 인해 금전적 손실을 볼 것을 의미한다.

- 초전(初傳)발용에 酉는 재효(財爻)이며 파쇄(破碎)이다. 지반(地盤)에 未는 4과에 보이며, 양인(羊刃)이다. 둔간(遁干)에 폐구(閉口)가 보인다. 지상(支上)에 巳에 보이는 천공(天空)은 점자에게 부하직원이다. 이는 함께 일하는 사람으로 인해 점자의 금전적 손실을 의미한다.

●격(格)은 극음(極陰)의 괘(卦)이고, 낮 밤 귀인(貴人)이 보이고, 밤 귀
(貴)는 천장(天將) 午로부터 제극을 당하고, 낮 귀(貴)는 둔간(遁干)
이 공망(空亡)이다. 이는 현 상황이 함께 일하는 사람으로 인해 금전
적 손실을 보았지만, 스스로 함께 일한 것으로 금전적 손실에 대해
따질 수 있는 상황이 아니라는 것을 의미한다.

●필자(筆者)가 점자에게 말하기를, 당신은 현재 금전적으로 많은 손실
을 보았을 것이다. 그 이유는 함께 일하는 직원으로 인한 것이며, 금
전적 손실에 대해 그 직원에게 따질 수 있는 입장이 아닌 것으로 보
인다고 했다.

●점자는 금속제품을 만드는 회사를 운영하는데, 함께 일하는 직원의
권유로 사업 확장을 하였는데 그로 인해 금전적 손실을 많이 보았으
며, 현재도 그로 인해 많이 힘든 상황이라고 했다.

己丑年(기축년)과 *庚寅年*(경인년)에

래정 4

己丑年 甲戌月 己酉日 午時 卯將

乾命-甲辰　行年-亥

丙	0	壬
午(空)	卯(合)	子(貴)
酉	午	卯

甲	癸	丙	0
辰(勾)	丑(蛇)	午(空)	卯(合)
己	辰	酉	午

寅(朱)	卯(合)	辰(勾)	巳(靑)
丑(蛇)			午(空)
子(貴)			未(白)
亥(后)	戌(陰)	酉(玄)	申(常)

【원수·고개】

- 午時에 방문했던 점자(占者)이다. 간상(干上)에 辰은 동신(動神)이고, 지상(支上)에 午는 祿이고, 권섭부정(權攝不正)이 보인다.
- 일지상(日支上)이 초전(初傳)으로 발용되었고, 중전(中傳)에 卯에는 교역의 신(神)인 육합(六合)이 보인다.
- 일지상(日支上)에 祿은 천공(天工)을 만나고, 지반(地盤)에 酉는 천귀(天鬼)이고, 간상(干上)에 순수(旬首)와 합(合)을 한다.
- 삼전은 승헌(乘軒)의 괘(卦)이고, 중전(中傳)에 卯에 육합(六合)이 보이고, 사중신(四仲神)이 보인다. 이는 진퇴양난의 상(象)이고, 중전(中傳)에 卯 태충(太沖)은 공망(空亡)을 만나니 천차(天車)를 잃어버린 상(象)이다.
- 卯는 관귀효(官鬼爻)이니, 점자 자신이 하고 있는 일이 되지 않는 상(象)을 뜻한다.
- 필자(筆者)가 말하기를, 집을 이사하시려고 하는 것이 보인다. 이는

己丑年(기축년)과 庚寅年(경인년)에

점자 자신이 하고 있는 일이 잘 되지 않는 이유도 있지만, 현재의 집
으로 이사하면서부터 금전적 손실이 많았을 것이다. 하지만 현재 살
고 있는 집에 미련이 남아 아마도 이사가 쉽지 않은 상(象)으로 보여
진다고 했다.

● 점자는 1년 전쯤에 이 집으로 이사를 하였는데, 이 집으로 들어오기
전에는 사업이 잘 되었는데 이 집으로부터 이사를 한 후에는 금전적
손실을 크게 보았으며, 그로 인해 집을 이사하려고 하나 점자 자신
뿐 아니라 아내 역시 처음으로 집을 산 것이라 집에 대한 미련 때문
에 이사를 하는 것이 쉽지 않은 상황이라고 했다.

래정 5

己丑年 丙子月 辛亥日 申時 丑將

乾命-庚申　行年-未

己丑年(기축년)과 庚寅年(경인년)에

0	戊	癸
卯(后)	申(空)	丑(蛇)
戌	卯	申

0	戊	甲	己
卯(后)	申(空)	辰(陰)	酉(靑)
辛	卯	亥	辰

戌(勾)	亥(合)	子(朱)	丑(蛇)
酉(靑)			寅(貴)
申(空)			卯(后)
未(白)	午(常)	巳(玄)	辰(陰)

【중심·여덕·고진】

- 申時에 젊은 남자분이 방문하였다. 차를 권하고 앉아 있길래 과전을 펼쳤다.

- 간상(干上)에 卯는 재효(財爻)이고 공망(空亡)이다. 한편으로 卯는 당월(月)에 소모(小耗)이다.

- 음신(陰神)에 申은 점자(占者)의 命이며, 천공(天空)이 보인다. 4과에 보이는 酉는 祿이며, 음중음(陰中陰)에 보이며, 祿은 파쇄(破碎)를 만났고, 酉는 형제효(兄弟爻)이다.

- 초전(初傳)에 재효(財爻)가 중전(中傳)에 천공(天空)을 만났고, 말전(末傳)에 丑 墓를 만났고, 폐구(閉口)를 만났다. 한편으로 사묘복생(四墓覆生)이다. 이는 반복되어 일어나는 것을 뜻한다.

- 필자(筆者)가 말하기를, 금전적으로 힘든 상황이 보이는데 이는 친구나 동료에게 빌려준 돈을 받지 못하는 것이 이유이며, 이런 일이 반복되니 금진을 빌려줄 때는 생각을 많이 한 후에 빌려주는 옳을 것이

라고 했다.

●점자는 예전부터 아는 동네 형에게 돈을 빌려주었는데, 몇 개월 동안 돈을 받지 못해 그 돈을 받을 수 있는지 궁금해서 방문했다고 했다.

己丑年 丙子月 丁未日 申時 丑將

坤命-壬子 行年-未

乙	庚	0
巳(空)	戌(蛇)	卯(常)
子	巳	戌

壬	乙	壬	乙
子(后)	巳(空)	子(后)	巳(空)
丁	子	未	子

戌(蛇)	亥(貴)	子(后)	丑(陰)
酉(朱)			寅(玄)
申(合)			卯(常)
未(勾)	午(青)	巳(空)	辰(白)

【비용·주인】

- 申時에 방문했던 점자(占者)이다.
- 간상(干上)에 子는 점자(占者)의 命이며, 음신(陰神)에 巳는 역마(驛馬)이다.
- 삼전은 주인(鑄印)이고, 용시(用時)는 교역의 신(神)인 육합(六合)이 보인다.
- 주인(鑄印)에 초전(初傳)에 역마(驛馬)가 보이고, 말전(末傳)에 卯는 공망(空亡)이니, 인모(印模)를 잃은 것이 보인다.
- 필자(筆者)가 말하기를, 집을 매매(賣買)하려고 하는데 매매가 되지 않아 방문한 것으로 보인다고 했다.
- 점자는 집을 매매하려고 하는데 여의치 않아 집 매매에 대해 궁금해서 방문하였다고 했다.

己丑年(기축년)과 庚寅年(경인년)에

래정 7

己丑年 丙子月 庚戌日 巳時

乾命-丁巳 行年-戌

壬	戊	甲
子(蛇)	申(靑)	辰(玄)
辰	子	申

甲	壬	丙	0
辰(玄)	子(蛇)	午(白)	寅(后)
庚	辰	戌	午

丑(貴)	寅(后)	卯(陰)	辰(玄)
子(蛇)			巳(常)
亥(朱)			午(白)
戌(合)	酉(勾)	申(靑)	未(空)

【중심·윤하】

- 巳時에 방문했던 점자(占者)이다.
- 간상(干上)에 辰은 순수(旬首)이다. 지상(支上)에 午는 관귀효(官鬼爻)이고, 지반(地盤)에 戌은 관귀효(官鬼爻)에 墓이고, 당 월(月)에 생기이다.
- 초전(初傳)발용에 子는 병부(病符)이고, 지반(地盤)에 辰은 순수(旬首)이다.
- 중전(中傳)에 申은 일간(日干)에 祿이고, 말전(末傳)에 辰은 동신(東神)이고 순수(旬首)이다.
- 윤하격(潤下格)으로 일지상(日支上)에 午 관귀효(官鬼爻)를 제극한다. 한편으로 4과에 寅은 당 월(月)에 천마(天馬)이고, 음중음(陰中陰)에 보이고 지반(地盤)에 午는 관귀효(官鬼爻)이다.
- 말전(末傳) 辰에서 초전(初傳) 子까지 체생한다. 이는 혼자가 아닌 여러 명을 뜻하며, 관직정단에서 추천 또는 스카우트 제의를 뜻한다.

 己丑年(기축년)과 庚寅年(경인년)에

● 필자(筆者)에게 10시 50분쯤해서 전화가 왔다. 필자가 말하기를, 지금의 직장에서 나오려고 하는 것이 보인다. 필시 머리를 쓰는 직업이 아닐 것이며, 운동이나 몸을 써서 하는 직업으로 보이며, 혼자 움직이는 것이 아니라 여러 명이 함께 움직이는 것이 보인다. 한편으로 점자에게 오라는 곳도 있는 것으로 보인다고 했다. 움직이려고 하는 주된 이유는 금전적인 것이 가장 큰 문제라고 했다.

● 점자는 현역 운동선수라고 자신을 밝히며, 현재의 팀에서 연봉 협상이 쉽지 않아 다른 팀으로 옮기려는 생각을 하고 있다고 했다. 다른 팀에서 오라는 곳이 있는데 혼자가 아닌 자신의 팀에 함께 있는 후배들을 데리고 오는 조건이며, 점자가 생각하는 연봉을 줄 수 있다고 했다며, 필자에게 어떻게 할지를 물었다.

래정 8

庚寅年 辛巳月 丙子日 午時 酉將

坤命-癸卯 行年-酉

己丑年(기축년)과 庚寅年(경인년)에

0	乙	戊
申(合)	亥(貴)	寅(玄)
巳	申	亥

0	乙	己	壬
申(合)	亥(貴)	卯(常)	午(青)
丙	申	子	卯

申(合)	酉(朱)	戌(蛇)	亥(貴)
未(勾)			子(后)
午(青)			丑(陰)
巳(空)	辰(白)	卯(常)	寅(玄)

【중심·원태·과숙】

- 午時에 방문했던 점자(占者)이다. 用時에 午는 양인(羊刃)이며, 천장(天將)에 청룡(青龍)이 보인다.

- 초전(初傳)에 申에 육합(六合)이 보이고, 지반(地盤)에 巳는 祿이고 천공(天空)이 보인다.

- 48세 행년(行年)은 酉에 있다. 상신(上神)에 子는 천마(天馬)이니, 움직임의 상(象)이다.

- 지상(支上)에 卯는 생기이고, 삼전이 체생하여 말전(末傳)에 장생 寅을 만난다.

- 필자(筆者)가 말하기를, 필시 주변에 친구가 장사를 함께 하자고 할 것이며, 투자는 아마도 본인이 할 것이라고 했다. 하지만 돈 문제로 인해 이 사업은 시작되기 힘들어 보인다고 했다.

- 점자는 남편 없이 혼자 사는 여자인데 주변에 친구가 장사를 함께 하는 것이 어떻겠냐며 제의를 했는데, 듣고 보니 친구는 돈을 대지

않고 점자 자신만 투자를 해야 하는 상태라며 장사가 잘 될지를 물
었다.

己丑年(기축년)과 庚寅年(경인년)에

시사정단1

庚	癸	甲
申(合)	亥(貴)	寅(玄)
巳	申	亥

壬	0	庚	甲
戌(蛇)	丑(陰)	申(合)	亥(貴)
丁	戌	巳	申

申(合)	酉(朱)	戌(蛇)	亥(貴)
未(勾)			子(后)
午(青)			丑(陰)
巳(空)	辰(白)	卯(常)	寅(玄)

【중심·원태·참관】

● 필자(筆者)의 강의 도중 문하생 중에 경찰 공무원으로 재직 중인 분이 요즘 언론에 초점이 되고 있는 부산 k용의자에 대한 정단을 의뢰하였다. 문하생들의 양해를 얻어 과전을 펼쳤다.

● 이 과전에서 중심(重審)은 범행장소를 상세(詳細)히 심사하고 살피라는 의미(意味)이다.

● 격(格)을 풀이하자면, 원태격(元胎格)은 중전(中傳)에 역마(驛馬) 지지 亥의 둔간(遁干) 폐구(閉口)와 합(合)을 하니 멀리 가지 못하는 상(象)이다.

● 참관격(斬關格)은 간지상신(干支上紳)에 辰·戌(魁罡)이 보이고 초전(初傳)에 발용이 되면 육임에서 辰戌을 동신(動神)으로 봐서 도적(盜賊)정단에서는 멀리 도망감을 의미한다. 하지만 이 과전에서는 초전(初傳)으로 발용이 보이지 않기에 마음은 있으나 멀리 도망가지 못하는 상(象)이다.

己丑年(기축년)과 庚寅年(경인년)에

●말전(末傳)에 寅(玄)은 용의자 k씨를 뜻한다. 중전(中傳)에 역마(驛馬)와 寅(玄) 용의자 k씨와 합(合)을 하여 멀리 갈 것 같으나 역마(驛馬) 둔간(遁干)이 폐구(閉口)이고 합(合)이 되어 몸이 자유롭지 못하며 멀리 가지 못하는 상(象)이다.

●도적(盜賊)이 남녀(男女)인가를 알려면 현무(玄武)의 음신(陰神)을 보면 알 수 있다. 부연설명하면, 기존의 육임책을 보면 현무(玄武)의 음신(陰神) 상하(上下)를 보고 둘 다 양(陽)이면 남(男)이고, 둘 다 음(陰)이면 여(女)로 판단하며, 양(陽)과 음(陰)이 섞여 있으면 승(乘)한 천장(天將)으로 남녀(男女)를 구분하는 방법이 있다.

●임상사례에 비추어 보면 일간(日干)의 음양(陰陽)을 먼저 구분하고 현무(玄武)의 음신(陰神)을 봐서 일간(日干)과 비교해서 도적(盜賊) 남녀(男女)를 구분하는 것이 옳은 것이라는 걸 알았다. 또한 음신(陰神)을 보면 용의자의 행년(行年) 또는 년명(年命)을 알게 되면 도적(盜賊)의 나이 또한 알 수 있다.

●이 과전에서는 현무(玄武) 음신(陰神)에 巳(空)가 보이니 용의자 k씨의 년명(年命)이 巳라는 점을 알 수 있으며, 언론에서 보도한 k씨의 나이와 일맥상통(一脈相通)함을 알 수 있다.

●도적(盜賊)의 나이 또한 시령으로 가늠할 수 있다. 현무(玄武)승신이 왕상기이면 젊은이, 휴수기이면 노인이다. 고법에서는 사맹[寅申巳亥]이면 청소년, 사중[子午卯酉]이면 장년, 사계[辰戌丑未]이면 노인이라는 방법이 있다.

●이 과전에서는 현무(玄武)가 왕상기이며 사맹신이니 젊은 사람이라는 것을 알 수 있다.

- 현무(玄武) 자체로 도적(盜賊)의 생김새나 성명(姓名) 또한 알 수 있다. 이 과전에서 용의자 k씨의 생김새와 성씨를 추이하자면, 寅이 현무(玄武)에 승(乘)하면 키가 크고 얼굴이 크며 몸에 흉터나 사마귀가 보이며, 성명(姓名)은 "木" 자(字)에 해당하니 k씨에 성과 같음을 알 수 있다.

- 용의자 k씨가 온 방위를 알 수 있다. 온 방위를 알 수 있는 방법은 현무(玄武)가 임한 지반(地盤)이다. 이 과전에서는 4과 음신(陰神)이 현무(玄武)에 지반(地盤) 지지이기 때문에 사건현장에서 멀지 않은 곳에서 온 것을 알 수 있다.

- 온 방위를 알 수 있는 또 하나의 방법은 일간(日干)의 유도(游都)를 보고 판단하는 방법이 있다. 유도(游都)는 甲일부터 丑子寅巳申을 두 번 반복하면 찾을 수 있다. 예컨대, 오늘이 丁이니 유도(游都)는 巳가 된다.

- 도적(盜賊)이 움직인 방위는 초전(初傳)이나 현무(玄武)가 임한 지반지의 상신(上神)을 보면 움직인 방위를 알 수 있다. 이 과전에서는 申방위로 움직인 것을 알 수 있다.

- 도적(盜賊)이 숨어 있는 곳을 알려면 현무(玄武)에 음신(陰神) 즉, 도신(盜神)을 보면 알 수 있다. 이 과전에서는 현무(玄武)에 음신(陰神)이 巳에 보이니 일지(日支)를 뜻한다. 그러니 사건현장에서 멀지 않은 남쪽 방위에 숨어 있음이 보인다.

- 도적(盜賊)이 도망간 거리를 알 수 있다. 도신(盜神)에 천지반(天地盤) 숫자로 알 수 있다. 선천대연수를 쓰고 시령으로 증감시키면 된다. 이 과전에서는 巳의 천지반이 도신(盜神)이니 巳수는 4를 뜻하

고 지반 **寅**은 3이다. 시령으로 상기이니 12리이다. 추리하자면, 사건현장에서 1㎞ 전방 내에 있음을 추리할 수 있다.

- 도적(盜賊)이 스스로 자수하는가를 추리할 수 있다. 현무(玄武)하신에서 제극을 하면 스스로 자수하게 된다. 이 과전에서는 현무(玄武)하신에서 합(合)을 하니 자수는 하지 않는 상(象)이며, 오히려 하신(下神)에 둔간(遁干)이 폐구(閉口)이니 더욱 더 숨는 상(象)이다.

- 도적(盜賊)이 잡히는 시기를 알 수 있다. 시중의 육임서적에는 현무(玄武)를 제극(制剋)하는 일(日)에 잡을 수 있다거나, 구진(勾陳)에서 현무(玄武)나 도신(盜神)을 극하는 경우에 잡힌다고 명시되어 있다. 물론 잘못된 이론은 아니지만, 임상사례에 비추어볼 때 현무(玄武)에 묘(墓)일이나 이 과전처럼 간상(干上)에 일간(日干) 묘(墓)가 보이고 삼형살(三刑殺)이 이루어졌을 때는 과전을 살피어 응기(應期)를 논함이 옳은 것이다.

이 과전에서 비추어볼 때 응기(應期)를 논하자면, 말전(末傳)에 순수(旬首)지가 보이니 갑인순(甲寅旬) 안에 용의자 k씨가 검거되는 것으로 보인다. 현무(玄武) **寅**에 墓는 未이고 간상(干上)에 일간(日干)에 묘(墓)가 보이고 음신(陰神)에 삼형살(三刑殺)에 **丑**이 보이니 **丑戌未**이다. 종합해 보면, 다가올 **己未日**날 검거되는 것으로 응기(應期)를 잡았다.

- 간상(干上)에 묘(墓)가 보이니 용의자 k씨는 검거되지는 않았지만 검거된 것이나 다름없는 상황일 것이다. 원태(元胎) 참관(斬關)이니 마음은 멀리 가고 싶을 것이나, 진 참관(斬關)이 아니니 멀리 가지 못했을 것이다.

●초전(初傳)발용이 신(申) 육합(六合)이니 필시 옹기종기 모여사는, 시대에 비추어보면 빌라나 아파트 같은 곳에 숨어 있을 것이다. 초전(初傳)이 중전(中傳)으로 전해져 亥(貴)는 옥상이라는 의미가 있어 높은 곳을 뜻하지만, 둔간이 폐구(閉口)이니 높지 않은 상(象)이다. 그러니 아파트는 아닐 것이며 빌라로 추측되어진다. 그러나 그 빌라는 많은 사람이 살지는 않을 것이다. 그것은 초전(初傳) 지반 巳 형제효에 천공(天空)이 보이며 천반(天盤) 申을 제극하고 있기 때문에 사람이 살지 않는 상(象)으로 보았다. 만약 巳(天空)가 시령기로 상하지 않았고 申(合)이 휴수하지 않았다면 사람이 살지 않는다고 보기에는 무리가 있을 것이다.

●용의자 k씨는 申時에 범행을 저질렀으며, 범행 당일 亥時에 h양은 숨을 거둔 상(象)이다. 그것은 중전(中傳)에 어린아이를 뜻하는 亥가 보이고 일간(日干) 丁에 亥는 絶에 해당하며 둔간 역시 폐구(閉口)로 뜻을 종합해 보면, 어린아이는 입을 닫고 숨을 거두는 상(象)이다.

●필시 용의자 k씨는 사건현장에서 멀리 가지 못했을 것이며, 음식조차 먹지 못하는 상(象)으로 보이며, 밤에만 활동하기에 눈에 보이지 않는 상(象)이다. 밤에 활동을 하더라도 자유롭지 못하는 상(象)으로 보인다. 그것은 역마(驛馬)인 亥가 폐구(閉口)를 만났기 때문이다.

●간상(干上)에 묘(墓)가 보이고 귀결문(歸結門)이니 말전(末傳)이 순수(旬首)이기에 갑인순(甲寅旬)을 벗어나지 않는 己未日날 검거가 될 것이다. 검거 후에도 필시 용의자 k씨는 입을 닫고 수사에 함구하는 자세로 버틸 것이며, 수사에 많은 차질이 있을 것으로 보여진다.

●정단을 하면서 한편으로 용의자 k씨에 대해 화를 참을 수 없었다.

하지만 원인 없는 결과를 없을 것이다. 과전에 용의자 k씨가 부모의
사랑을 받지 못한 것이 보인다. 그것이 아마도 이런 무서운 사건을
저지르게 한 것이 아닌가 하는 생각이 들어 마음이 편치 않았다.

시사정단2

己丑年(기축년)과 庚寅年(경인년)에

丙	己	壬
申(青)	亥(常)	寅(后)
巳	申	亥

壬	0	0	丙
寅(后)	巳(朱)	巳(朱)	申(青)
壬	寅	寅	巳

申(青)	酉(空)	戌(白)	亥(常)
未(勾)			子(玄)
午(合)			丑(陰)
巳(朱)	辰(蛇)	卯(貴)	寅(后)

【중심·원태·불비·췌서】

- 필자(筆者)의 강의 도중에 문하생 중 한 명이 얼마 전 인터넷 六壬카페에 탤런트 k씨에 대한 정단을 한 것이 있는데, 그 과전을 설명해 주기를 부탁했다. 이에 문하생들의 양해를 얻어 공부 차원에서 과전을 설명하였다.

- 먼저 정단한 분의 귀인기법이 청대(淸代) 이후의 정정법(訂正法)을 사용하였다.

- 초전(初傳)에 申은 장생이며, 월(月)에 사기(死氣)이다. 지반(地盤)에 巳는 절지(絶支)이다. 여기서 취할 수 있는 건 지금 환자의 상태가 위중하다라는 것을 취할 수 있으니, 언론에서 말하는 혼수상태라는 것과 일치한다.

- 음식으로 인해 혼수 상태라는 걸 필자(筆者) 역시 알고 있었다.

- 巳는 불비(不備)이다. 이는 주방장을 뜻한다. 그러니 주방장에 문제가 있음을 알 수 있다. 초전(初傳)에 申에 청룡(靑龍)은 물짐승을 뜻

하며, 중전(中傳)에 亥 태상(太常)이 보이니 바다에서 나오는 음식이
라는 걸 알 수 있다. 주방장을 뜻하는 巳가 보이고, 원태격(元胎格)이
니 이는 주방기술이 서툰 자가 음식을 했다는 것을 취할 수 있다.

●巳에 불비(不備)이며, 천장(天將)이 주작(朱雀)이다. 둔간(遁干)에 공
망(空亡)이 보인다. 이는 스스로 숨을 쉬지 못하고 기계에 의존하고
있는 상(象)이다.

●초전(初傳)에 申은 월염(月厭)이며 사기(死氣)이다. 월염(月厭)에 主
는 '더럽다, 냄새나다' 라는 뜻이 있다. 사기(死氣)는 복어가 가지고
있는 독성을 의미한다. 한편으로 월염(月厭)은 '가로막다, 누르다' 라
는 뜻도 있으며, 申은 폐이다. 뜻을 종합해 보면, 복어의 독성이 폐를
누르고 막으니 숨을 쉬기 곤란한 것이다.

●이 과전에서 구(求)함은 말전(末傳)에 사기(死氣)가 말전(末傳)에 생
기로 전함이다. 이는 寅日, 즉 오늘 巳時에 차도가 있기 시작해, 亥
時가 되면 회복이 되는 상(象)이다.

●후에 밤 늦게 11시쯤 질문을 했던 문하생에게 전화가 걸려왔다. 선
생님 말씀이 맞았다며, 뉴스를 보니 k씨가 의식을 회복했다며 신기
해 했다.

 己丑年(기축년)과 庚寅年(경인년)에

시사정단 3

庚寅年 己卯月 丙子日 子時 戌將

丁	乙	0
丑(勾)	亥(朱)	酉(貴)
卯	丑	亥

己	丁	甲	0
卯(空)	丑(勾)	戌(蛇)	申(玄)
丙	卯	子	戌

卯(空)	辰(白)	巳(常)	午(玄)
寅(青)			未(陰)
丑(勾)			申(后)
子(合)	亥(朱)	戌(蛇)	酉(貴)

【중심·참관·극음·삼기】

●얼마 전 일어났던 천안함 침몰사건에 대해 필자(筆者) 역시 국민의 한 사람으로서 비통함과 함께 슬픔을 감출 수 없다. 필자는 이번 사건을 사건이 일어난 새벽에 텔레비전을 통해 보았다. 이에 과전을 펼쳐 살펴보았다.

●일간(日干)에 丙은 남(南)을 뜻한다. 일지(日支)에 子는 북(北)을 뜻하니, 이번 사건이 남(南)과 북(北)의 사건이라는 것을 알 수 있다.

●일간상(日干上)에 보이는 卯에 主는 배나, 驛馬, 차(車)를 뜻하니 천안함의 상(象)이다. 천장(天將)에 천공(天空)이 보이니, 이는 천안함을 뜻하는 배에 구멍이 난 상(象)이다.

●일지(日支)에 戌은 火에 庫이다. 음신(陰神)인 火 庫에 申이 보이니, 이는 미사일의 상(象)을 취할 수 있다.

●초전(初傳)발용에 丑은 당 월(月)에 생기이며 병부(病符)이다. 천장(天將)에 구진(勾陳)이 보이고, 지반(地盤)에 卯에 천공(天空)은 천안

己丑年(기축년)과 庚寅年(경인년)에

함이 구멍이 난 상태를 뜻한다. 초전(初傳)은 천안함의 상부를 뜻한다. 丑은 허리를 뜻한다. 이 모든 것을 종합해 취해 보면, 천안함 상부에 가깝게 허리에 구멍이 난 상(象)이다.

● 4과는 음중음(陰中陰)이다. 미사일을 뜻하는 申이 보이고, 둔간(遁干)이 공망(空亡)이다. 삼전으로 발용이 안 되었다. 4과에 보이고 천장(天將)이 현무(玄武)이니, 이는 바닷속을 뜻한다. 둔간(遁干)에 공망(空亡)은 하늘이 비어 있는 상(象)을 취할 수 있다. 이 모든 것을 종합해 취해 보면, 하늘에서 쓰이는 미사일이 아니고 바닷속에서 쓰이는 미사일이라는 것을 알 수 있다.

● 미사일을 뜻하는 申은 다듬어지지 않은 쇳덩이를 뜻한다. 지반(地盤)에 戌은 火庫이니, 이는 용광로를 뜻한다. 다듬어지지 않은 申이 용광로에 앉았으니 그 파괴력이 어떠한가를 알 수 있다.

● 미사일을 뜻하는 申에 墓는 초전(初傳)에 보이는 丑에 있다.

● 중전(中傳)에 亥는 이번 사건이 남북(南北) 중간의 바다에서 일어났다라는 걸 취할 수 있다. 한편으로 중전(中傳)에 亥에 천장(天將) 주작(朱雀)은 언론을 뜻한다. 북(北)을 뜻하는 子를 인종하니 필시 언론은 북을 의심할 것임을 알 수 있다.

● 격(格)이 극음(極陰)이다. 이 과전에서 극음(極陰)은 '감춘다'라는 뜻이 있다. 이는 심증은 있으나 물증을 찾기가 힘들 것임을 알 수 있다. 말전(末傳)에 酉는 천안함 하부가 바다에 가라앉는 상(象)을 취할 수 있다. 한편으로 말전(末傳)에 酉는 군인·검찰 등을 뜻한다. 귀인(貴人)이 보이니 군수뇌부에 높은 사람을 뜻한다. 공망(空亡)이라, 아마도 군에서는 이번 사건에 대해 적극적으로 나서지 못하고 언론

에 떠밀려 말을 자꾸 바꾸는 상(象)을 취할 수 있다.

●말전(末傳)에 酉는 死이고, 숫자 6을 취할 수 있다. 지반(支盤)에 亥
는 絶이며 숫자 4를 뜻하니, 천안함에 승선한 46명의 고귀한 젊은
군인들의 목숨이 바다에 가라앉는 상(象)을 취할 수 있다.

●丑발용에 흙이 卯 출입(出入)문을 막으니, 그때의 상황이 어떠했는
지 짐작이 간다.

●이 과전에서 슬픈 것은 극음(極陰)이라는 것에 있다. 극음(極陰)의
主는 모든 점이 암매불명(暗昧不明)하다는 것이다. 감추고 감추다
보면 어린 장병들의 숭고한 목숨이 퇴색해 버리지 않을까 걱정이다.

●음(陰)이 극에 다다르면 밝음을 쫓듯이 이번 사건이 모든 게 밝혀져
서 남아 있는 가족들에게 의문이 남지 않기를 바랄 뿐이다.

시사정단 4

庚寅年 庚辰月 壬子日 戌時 酉將

<table>
<tr><td>庚</td><td>己</td><td>戊</td></tr>
<tr><td>戌(白)</td><td>酉(空)</td><td>申(靑)</td></tr>
<tr><td>亥</td><td>戌</td><td>酉</td></tr>
</table>

<table>
<tr><td>庚</td><td>己</td><td>申</td><td>庚</td></tr>
<tr><td>戌(白)</td><td>酉(空)</td><td>亥(常)</td><td>戌(白)</td></tr>
<tr><td>壬</td><td>戌</td><td>子</td><td>亥</td></tr>
</table>

<table>
<tr><td>辰(蛇)</td><td>巳(朱)</td><td>午(合)</td><td>未(勾)</td></tr>
<tr><td>卯(貴)</td><td></td><td></td><td>申(靑)</td></tr>
<tr><td>寅(后)</td><td></td><td></td><td>酉(空)</td></tr>
<tr><td>丑(陰)</td><td>子(玄)</td><td>亥(常)</td><td>戌(白)</td></tr>
</table>

【원수·퇴여·참관·불비】

● 필자(筆者)에게 공부를 배우셨던 스님께 전화 한 통이 걸려왔다. 천안함 사건에 대해 정단해 드렸던 것을 절에서 스님께서 많은 불자님들에게 전하였다고 한다. 사건이 일어난 다음 날인 丁丑日날 사건의 추이와 앞으로의 진행상황을 말씀드린 부분이 일치하였다고, 이번 北의 김정일 국방위원장이 중국에 갔다는 말이 있는데 그것이 맞냐며, 앞으로의 상황을 궁금해 하셨다.

● 지상(支上)에 亥는 중국을 뜻한다. 한편으로 亥 祿이 권섭부정(權攝不正)이 되었으니, 필시 중국에서 먼저 방문을 요청했을 것이다. 지상(支上)에 祿이 보이니, 이는 北이 중국에 의지하는 상(象)이다. 천장(天將)에 태상(太常)이 보이니, 중국에 먹을 것에 대해 의지하는 것으로 뜻을 취할 수 있다.

● 초전(初傳)발용에 괴도천문(魁度天門)은 모든 정단에 있어 막힘이 있는 것을 취할 수 있다. 이는 北의 김정일 국방위원장이 이번 方中

己丑年(기축년)과 庚寅年(경인년)에

이 쉽지 않았음을 의미한다. 천장(天將)에 백호(白虎)가 보이니 김정일 국방위원장의 병(病)을 의미한다. 戌 庫에 괴도천문(魁度天門)이니, 이는 혈(血)이 막히는 병(病)을 의미한다. 이는 김정일 국방위원장의 신장질환으로 인한 투석을 말하니, 필자의 과전 통변과 일치하는 상(象)이다. 이번 方中의 어려움은 김정일 국방위원장에 병(病)으로 인해 方中을 고심한 것을 취할 수 있다.

●초전(初傳)에 戌은 南에 庫이다. 戌에 백호(白虎)가 보인다. 한편으로 戌은 당 월(月)에 월파(月破)이다. 이는 南에 일어났던 천안함을 뜻한다. 지반(地盤)에 亥가 보이고 괴도천문(魁度天門)이니, 중국의 입을 막는 것을 알 수 있다. 한편으로 천장(天將)에 태상(太常)이 보이고 亥는 祿이니 필시 경제적 지원을 받기 위함으로 方中을 택함을 알 수 있다.

●음신(陰神)에 酉는 南의 군인을 뜻한다. 천장(天將)에 천공(天空)이 보이니, 이번 사건에 대해 南의 군인들이 말하는 것은 서짓이라고 말할 것이다. 南에 庫인 戌이 불비(不備)가 되었으니 이번 사건에 대해 뚜렷한 정황증거 없이 南의 날조된 사건이라고 말할 것이다. 한편으로 괴도천문(魁度天門)이 되니, 이번 사건에 대해 중국과 北은 이번 천안함 사건에 대해 함부로 의제를 다룰 수 없음을 의미한다.

●말전(末傳)에 申은 장생이며 사기(死氣)이다. 한편으로 申은 당 월(月)에 만어(漫語)이며 월염(月厭)이다. 申 장생에 청룡(靑龍)은 北이 이번 方中에 경제적 지원을 받으러 간 것을 뜻하며, 사기(死氣)는 北 주민들의 굶주린 상(象)을 취할 수 있다. 申은 당 월(月)에 만어(漫語)이니, 南의 천안함 사건이 언어부실이라며 거짓이라고 말할 것임

을 알 수 있다. 당 월(月)에 월염(月厭)인 申은 '막히다, 가로막다' 라는 뜻이 있으니, 北에 인도적 경제지원이 막혀 있는 것임을 취할 수 있다.

● 지상(支上)에 亥는 당 월(月)에 황은(皇恩)이다. 이는 사면을 뜻하고, 황제의 은총을 뜻한다. 이는 이번 方中에 중국에 경제적 지원과 천안함 사건에 대해 도움을 청하는 상(象)을 취할 수 있다. 그러나 퇴여가 보이고 괴도천문(魁度天門)이 보이니, 중국의 경제적 지원을 쉽게 받을 수 있는 상(象)이 아니다. 한편으로 과 역시 원수과이니 임금이 하는 일을 백성이 어찌 할 수 있을까 하는 생각이 든다.

● 스님께서 묻기를, 이 과전에서 김정일 국방위원장의 병(病)에 주된 원인을 찾을 수 있느냐고 물었다.

● 戌은 火에 庫이고, 괴도천문(魁度天門)이다. 이는 몸에 혈(血)이 막힌 상(象)을 취할 수 있다. 한편으로 戌은 다리이다. 戌은 당 월(月)에 천마(天馬)이니 움직임을 논할 수 있다. 다리를 뜻하고, 당 월(月)에 천마(天馬)인 戌이 괴도천문(魁度天門)에 보이니, 이는 다리가 자유롭지 못한 상(象)을 취할 수 있다. 초전(初傳)은 오른쪽을 뜻하나, 퇴여가 되었으니 오른쪽의 반대를 취하여야 한다. 그러니 왼쪽 다리가 불편한 상(象)이다. 음신(陰神)에 酉는 패지이다. 질병정단에서 패지가 보이면 이는 주색이 원인이 된다. 삼전이 탈기가 되면 음식의 섭취가 없어서이지만, 이처럼 삼전이 金局으로 부모효(父母爻)가 되면, 이는 움직이지 않고 앉아서 어미의 젖만 먹는 상(象)이다.

● 질병정단에서 귀살(鬼殺)에 백호(白虎)가 보이면 한 곳만 아픈 것이 아니니, 김정일 국방위원장의 병(病)이 위중함을 나타낸다.

●삼전에 金局은 北의 軍을 뜻한다. 삼전일상으로 金局이 자식효(子息
爻)를 제극하니, 중국의 인도적 경제적 지원이 이번에도 北의 軍에
모든 것이 가는 것임을 알 수 있다. 과 역시 원수이니, 임금의 밥상에
어찌 백성들의 숟가락을 올려놓을 수 있다는 말인가.

●초전(初傳)에 戌은 南에 庫이고 월파(月破)이며 천마이니, 이번 천안
함 사건을 의미할 것이다. 불비(不備)가 되었으니 애초부터 이번 천
안함 사건은 方中의 뚜렷한 목적의식은 아닐 것이다.

시사정단 5

庚寅年 壬午月 丁亥日 未時 申將

己丑年(기축년)과 庚寅年(경인년)에

<table>
<tr><td>甲</td><td>乙</td><td>丙</td></tr>
<tr><td>申(合)</td><td>酉(朱)</td><td>戌(蛇)</td></tr>
<tr><td>未</td><td>申</td><td>酉</td></tr>
</table>

午(靑)	未(勾)	申(合)	酉(朱)
巳(空)			戌(蛇)
辰(白)			亥(貴)
卯(常)	寅(玄)	丑(陰)	子(后)

<table>
<tr><td>申</td><td>乙</td><td>戊</td><td>己</td></tr>
<tr><td>申(合)</td><td>酉(朱)</td><td>子(后)</td><td>丑(陰)</td></tr>
<tr><td>丁</td><td>申</td><td>亥</td><td>子</td></tr>
</table>

【중심·연여】

- 필자(筆者)의 강의 도중에 문하생들과 이번 나로호 발사사건에 대해 학생이 모 인터넷 카페에 나로호에 대한 육임 과전을 풀이해 놓은 게 있는데, 그 과전으로 필자에게 과전 풀이를 부탁했다. 이에 과전을 함께 풀어보기로 했다.

- 간상(干上)에서 발용된 申은 나로호를 의미한다. 한편으로 초전(初傳) 지반(地盤)에 未는 나로호의 발사대를 의미한다. 未라는 글자를 자세히 살피면 발사대의 형상을 하고 있는 것이 보인다.

- 초전(初傳) 지반(地盤) 未에 구진(勾陳)이 보인다. 이는 발사대 장착에 문제가 생긴다는 걸 취할 수 있다. 未 공망(空亡)이니 이 문제는 쉽사리 넘어갈 수 있을 것으로 보인다.

- 간상(干上) 지상(支上)에 천라(天羅)가 보인다. 이는 나로호 발사에 걸림돌이 많은 상(象)이며, 마음이 앞선다는 걸 알 수 있다.

- 삼전이 연여(連茹)이다. 이는 천라(天羅)가 보여 막힘이 있는 것에도

불구하고 발사를 지연시킬수 없는 상(象)이라는 걸 알 수 있다.

●초전(初傳) 지반(支盤)이 공망(空亡)이고 구진(勾陳)이 보이니, 발사
부터 문제가 있다라는 걸 알 수 있다.

●할 수 없이 발사대에 장착이 될 것이고, 삼전에 흐름이 말전에 가서
墓를 만난다. 즉, 다시 말해 자세히 삼전을 살피면 병사묘(病死墓)로
흐른다. 힘 없는 화살이 멀리 날아갈 수 있을지 의문이 든다.

●말전(末傳)이 결과물인데 墓를 만난다. 한편으로 오늘의 일간(日干)
이 丁이고, 삼전이 재효(財爻)로 방국(方局)으로 흐른다. 또한 말전
(末傳)은 火에 庫이다. 재효(財爻)는 나로호의 힘[力]을 말한다. 화
력에 庫를 만나니 필시 나로호 연료통이나 나로호가 날아가는 데에
힘이 없어 멀리 가지 못하고 추락한다는 것을 알 수 있다.

●귀인(貴人)이 입옥하고, 삼전에 金이 방국(方局)을 이루었으니, 나로
호 발사에 외국의 기술력은 도움이 안 된다. 그것은 아마도 초전(初
傳)에 육합(六合)이 낙공(落空)에 임했고, 중전(中傳)에 酉 주작(朱
雀)이 파쇄(破碎)가 되었으니, 필시 외국에서 들여온 문서는 말전(末
傳)에 墓를 만나기 때문일 것이다.

●문하생 중 한 사람이 지금 나로호 발사가 연기되었다는 소식이 들린
다고 했다. 이에 필자는 나로호 발사는 하루 정도는 연기될 수 있지
만, 더 이상의 시간은 미룰 수 없을 것이다. 이는 삼전에 연여(連茹)
가 보이고, 천라(天羅)의 상(象)이 보이기 때문이다. 재(財)는 방국
(方局)을 이루면 강한 힘[力]을 발휘하지만, 일간(日干)에 墓를 만나
니 대한민국의 위상은 땅에 떨어질 것으로 보인다.

●필자가 말하기를, 아마도 卯日날 발사가 될 것이다. 이는 모든 일의

己丑年(기축년)과 庚寅年(경인년)에

결과는 말전(末傳)에 합(合)에 답이 응(應)함이 있기 때문이다.

여행정단 1

庚寅年 己卯月 丙戌日 亥時 戌將

여행자 命(乾命－丁巳, 坤命－丙辰, 坤命－戊寅, 坤命－甲申, 乾命－己丑)

己丑年(기축년)과 庚寅年(경인년)에

辛	庚	己
卯(空)	寅(白)	丑(常)
辰	卯	寅

壬	辛	乙	甲
辰(青)	卯(空)	酉(貴)	申(蛇)
丙	辰	戌	酉

辰(青)	巳(勾)	午(合)	未(朱)
卯(空)			申(蛇)
寅(白)			酉(貴)
丑(常)	子(玄)	亥(陰)	戌(后)

【원수·퇴여·참관】

- 필자의 손님 중 한 분이 이번에 여행을 가는데 꿈자리가 예사롭지 않아서 여행가는 것이 무방하겠냐고 물었다.

- 일지상신(日支象神)에 酉는 여행장소이다. 초전(初傳)에 지반(地盤)이 辰 동신(動神)이니 여행을 가는 상(象)이다. 여행지 명(命)을 보니 일지상신(日支上神)과 합(合)을 하고 있다. 하지만 戊寅生 坤命은 여행장소인 일지상신(日支上神)에 酉는 절지이다. 중전(中傳)에 寅命에도 백호(白虎)가 보이니 여행을 갔다 온 후에 병을 안고 오는 상(象)이다. 한편으로 己丑生 乾命은 파쇄(破碎)이다. 지반(地盤) 寅에 제극을 당하니 이 역시 병을 안고 오는 상(象)이다.

- 초전(初傳)에 卯는 자동차의 류신이다. 천장(天將)이 천공(天空)이니 비행기를 타고 가는 상(象)으로 볼 수 있지만, 음신(陰神)에 寅(白)이 보여 이는 비행기를 타고 가려다가 변수가 생겨 육로여행으로 뒤바뀌는 상(象)이다.

●점자(占者)가 말하기를, 원래는 비행기를 타고 제주도로 여행을 가려다가 금전적인 부분 때문에 가까운 어린대공원으로 장소가 바뀌었다고, 그런 것까지 나오냐고 신기해 했다.

●금전적인 어려움 때문이라는 것은 寅(白) 장생에 백호(白虎)가 보여서이기 때문이다. 한편으로 일지(日支)에 酉는 재효(財爻)인데 일간(日干) 墓에 좌했기 때문이다.

●점자는 꽃을 구경하러 간다고 했다. 필자는 삼전 추이를 보고 말하기를, 어린이대공원에는 꽃을 구경하기 힘들 것이다. 특히나 만개(滿開)를 바란다면 날짜를 다시 정해 가는 것이 좋겠다고 했다. 이는 삼전이 木이 왕하다. 이는 이제 새싹이 기지개를 핀 상(象)이다. 꽃의 만개(滿開)한 것을 보려면 火가 삼전에 보여야 마땅하다. 4과 음신(陰神)에 火를 뜻하는 천장(天將)에 등사(螣蛇)가 보이나 가장 음지(陰支)에 있으니 꽃을 구경하기는 힘들다.

●己丑生은 두 살이다. 여행정단에서 과체로 논할 때 원수과가 나오면 어린아이 여행정단에 흉(凶)을 의미한다. 삼전을 자세히 살피면 초전(初傳) 중전(中傳)이 木이고 말전(末傳)에 丑은 아직 더위가 오지 않은 상(象)이다. 木은 바람을 뜻한다. 丑은 병부(病符)이다. 격(格)은 퇴여(退茹)이다. 뜻을 종합해 보면, 아직 완연한 봄이 오직 않았으니 여행을 가서 꽃을 구경하기는 힘들 것이고, 바람이 많이 불어 감기에 걸릴 조짐이 보이니 병을 안고 오는 것보다는 날짜를 다시 정해서 가는 것이 좋다고 하였다.

●초전(初傳) 지반(地盤)이 辰으로 동신(動神)이 보이니 필자의 말을 어기고 움직이는 상(象)이다.

●丙辰生이 정단을 의뢰했으니, 간상(干上)에 辰 명(命)과 4과에 申 역마(驛馬)와 삼합이 되는 子日날 움직이게 될 것이다.

여행정단2

庚寅年 己卯月 己丑日 酉時 戌將

乾命-己丑　行年-卯

己丑年(기축년)과 *庚寅年(경인년)에*

庚	辛	壬
寅(空)	卯(青)	辰(勾)
丑	寅	卯

甲	乙	庚	辛
申(貴)	酉(后)	寅(空)	卯(青)
己	申	丑	寅

午(朱)	未(蛇)	申(貴)	酉(后)
巳(合)			戌(陰)
辰(勾)			亥(玄)
卯(青)	寅(空)	丑(白)	子(常)

【원수·진여·라망·정화】

- 지난번 여행정단을 의뢰한 점자(占者)에게 전화가 왔다. 필자의 말대로 여행을 갔다온 뒤로 **戊寅生 坤命**의 친정어머니께서 감기를 앓고 계시며, 두 살된 어린아이가 아프다며 병원을 갔다오기는 했는데 마음에 안정이 안 되다며 전화로 정단을 의뢰했다.

- **己丑生** 명(命)에 백호(白虎)가 보이니 아픈 상(象)이다.

- 삼전을 살펴보면, 방국(方局)이 되어 木이 형성되어 있다. 초전(初傳)에 **寅(空)**은 공조(功曹)이다. 육임(六壬)에서 寅은 바람을 상징한다. 또한 木은 바람을 의미한다. 삼전이 木局을 이루어 방국(方局)이 되었으니 이 역시 바람을 의미한다. 격(格)은 라망(羅網)이다. 라망(羅網)은 정수(靜守)가 옳고 움직이면 불리한 상(象)이다. 뜻을 종합해 취해 보면, 여행장소에서 **己丑生** 어린아이가 찬바람으로 인해 병을 안고 온 상(象)이다.

- 이 과전에서 구신(求神)은 간상(干上)에 申 자식효(子息爻)이다. 한

편으로 삼전 木局에 墓인 未가 기궁(寄宮)에 보이니 너무 걱정할 일
은 아니다.

●점자가 말하기를, 병원에서 물을 많이 먹이라고 했는데 먹여도 되는
지를 물었다.

●물은 水이다. 이는 木局에 귀살(鬼殺)을 돕는 상(象)이니 좋지 못하
다. 필자가 물은 되도록이면 먹이지 말라고 하였다. 물은 水이다. 水
는 삼전 木에 기운을 주니 물을 많이 먹이는 것은 좋지 못하다.

●점자가 말하기를, 안 그래도 물을 주었더니 아이가 더 울고 자꾸 토
해낸다고 했다.

●삼전에 木이 귀살(鬼殺)이 되어 있지만 간상(干上)에 申 구신(求神)
이 보이고 기궁(寄宮) 역시 木局에 墓를 갖고 있으니, 未日날 차도가
있을 것이라고 하였다.

●하지만 걱정스러운 것은 행년상신(行年上神)에 일간(日干)에 墓가
보이고 천장(天將)이 구진(勾陳)이니 상반기에는 아이가 잔병치레를
많이 할 것이라고 하였다. 하지만 7월쯤 가면 아이가 병원 가는 횟
수가 줄어들 것이니 너무 걱정은 하지 말라고 하였다.

 己丑年(기축년)과 庚寅年(경인년)에

임상에 필요한 류신(類神)

子 丑 寅 卯 辰 巳
午 未 申 酉 戌 亥

주변에 도둑놈, 보이지 않는 남자, 성적인 문제, 비뇨기 질환, 쌀가게, 농협, 망신당할 일, 찔리다, 삐다, 고민살, 사기당함, 야식, 말 못할 비밀, 음침한 성질, 단속, 인심 잃음, 약물, 우두머리

허리, 배, 씹히다, 원한, 구속, 실업자 생활, 부채, 지나친 관용 실수, 식구에게 잘함, 불쾌, 짜증, 가정 식구에게 완벽, 외교술 부족, 숙박업, 항상 공포심, 운수사업, 귀금속 분실, 부동산 매매, 국내 불가

용서, 의심, 남자집, 건망증, 배짱, 군식구, 마음 여유 없다, 심장 약함, 무모한 모험, 타산, 고독, 밤을 좋아한다, 수술 경험, 사람 못 믿음, 부지런함, 불효, 도소매, 불화 후회, 직장 변동

주거지 불완전, 식구들 분산, 여자 입김 셈, 부채 예민, 학업 중단, 잠 부족, 돈 안 모임, 불면증, 건축물, 부채, 불화, 실권자, 좌천, 파직, 바람둥이, 윗상사

꿈이 크다, 배우자와의 불화, 투기심, 똥밭, 배경 끊김, 애정 고갈, 거짓말, 요령, 무면허, 지혜, 도소매, 허풍, 봇수, 희생정신, 8개월 후, 스트레스, 주먹구구식

정거장, 전철역, 돈 탕진, 효심, 남의 자식, 모든 게 마지막, 부양가족, 구설수, 천 원 벌면 만 원 나간다, 화해, 직업 변동, 외국, 부동산

己丑年(기축년)과 庚寅年(경인년)에

 午오년
말

부도, 함흥차사, 밤 사이에 다리가 끊겼다, 금전 암담한 상황, 카드 소지, 멀리 가는 화살, 개방주의자, 참을성 없다, 대리 행위 수난, 엄청난 경제 손실, 현금, 건강, 신용

 未미년
양

희생양, 미정, 미완숙, 바람, 두 가지 일, 모든 재산이 물에 잠김, 앞으로 된 재산 없다, 금전 마비, 바람난다, 저당, 대강 처리, 꿀통, 고집, 늦게 귀가, 솜씨, 줄반장, 감초 역할, 불안, 게으름, 저축, 첫사랑, 이성 관계 문란

 申신년
원숭이

교차로, 빚쟁이, 부채금, 네 사람 연관, 모든 게 줄어듬, 인심 고갈, 고독, 구두쇠, 인색, 원수진 사람, 덤벼들 사람

 酉유년
닭

스트레스, 신경성, 눈빨감, 주위사람, 닭똥같은 눈물, 억울, 거처 둘 곳 없다, 군식구, 배, 허리 아픔, 미인, 폐, 잠 많음, 아버지 사랑 받지 못함, 짜증, 귀금속 도난, 딴주머니, 전세

 戌술년
개

이중생활, 술 마실 일, 부업, 부수입, 옆구리, 갈빗대, 욕 먹을 짓, 남편, 숨겨논 애인, 실속, 운동, 결과, 사업 실패, 부도, 허송세월

 亥해년
돼지

주먹구구식, 장사꾼, 투기, 안방, 경제관리 엉망, 뒤죽박죽, 배달, 이용당할 일, 중국집, 경찰, 아는 사람, 원한, 안심, 화재보험, 남이 돈 관리, 친구 잃음, 남자 구실 못함

기축년(己丑年)과 경인년(庚寅年)에
육임(六壬)으로 만난 사람들

1판 1쇄 인쇄 | 2010년 07월 07일
1판 1쇄 발행 | 2010년 07월 14일

지은이 | 강진우
펴낸이 | 문해성
펴낸곳 | 상원문화사
주소 | 서울시 은평구 신사1동 32-9호 대일빌딩 2층(122-882)
전화 | 02)354-8646 · **팩시밀리** | 02)384-8644
이메일 | mjs1044@naver.com
출판등록 | 1996년 7월 2일 제8-190호

ISBN 978-89-87023-89-2 (03150)

●책값은 표지에 있습니다.
●잘못 만들어진 책은 구입처 및 본사에서 교환해 드립니다.